#FAIS PÉTER TES BARRIÈRES

Libère-toi des blocages qui t'empêchent d'être toi-m'aime !

ISBN : 978-2-412-04780-4
Dépôt légal : janvier 2020
Imprimé en Espagne par Egedsa

Illustrations : Chadia Loueslati
Correction : Sophie Petitprêtre
Mise en page : Capucine Deslouis

Éditions First, un département d'Édi8
12, avenue d'Italie
75013 Paris
France
Tél : 01 44 16 09 00
Fax : 01 44 16 09 01
Email : firstinfo@efirst.com
Ste Internet : www.editionsfirst.fr

Lisa Nasri
@happy.fit_

Illustrations de Chadia Loueslati

#FAIS PÉTER TES BARRIÈRES

Libère-toi des blocages qui t'empêchent d'être toi-m'aime !

FIRST
ÉDITIONS

SOMMAIRE

INTRODUCTION

Lève la main si toi aussi tu accuses ton jean d'avoir rétréci ou si ta tablette de chocolat t'appelle depuis ton placard pour que tu viennes la dévorer...

Le déni était une seconde nature quand je n'avais pas confiance en moi. Rien n'était de ma faute, tout ce qui m'entourait était contre moi et personne ne me comprenait. Pire, tout le monde me disait que j'étais mignonne, que j'avais des qualités, que j'étais drôle et intelligente. Mais moi, je ne voyais qu'une chose : mon physique. J'étais grosse et moche. Et tout ce qui en découlait allait dans le même sens.

Mes barrières m'ont longtemps définie. Je ne faisais plus la différence entre celles que je m'étais moi-même infligées et celles qu'on m'avait imposées. Aucune sphère de ma vie n'y a échappé : le sport, les vêtements, la danse, la nourriture, le savoir-vivre, la vie sociale... Je ne voyais ma personne, ma vie et mon futur qu'à travers le filtre de ces barrières que j'accumulais sans m'en rendre compte. J'y étais tellement habituée qu'elles me réconfortaient autant qu'elles m'enfermaient. **Je me définissais par mon poids.**

Ces barrières m'ont privée de moments de vie, de rigolades, de sorties, de souvenirs, de baignades... Jusqu'au jour où j'ai touché le fond et ai eu le déclic de ma vie.

À l'époque où j'étais juriste, je n'étais pas passionnée par ce que je faisais et, pire encore, je me sentais emprisonnée dans un corps qui ne m'appartenait pas. En plus de ne pas aimer mon corps (complexe que je trimballais depuis l'adolescence), il fallait aussi que je gère une crise existentielle. **Ce corps, qui prenait pourtant trop de place, ne trouvait plus la sienne.** Ironique, non ? Je ne voulais plus de lui, mais il persistait à rester. Je me trimballais un corps, ou plutôt une victime de guerre, et je ne savais pas quoi en faire.

Oui, mon corps est une victime de guerre : il a combattu les clichés, essuyé je ne sais combien de défaites face aux régimes, pris des coups durs, subi des moqueries. Je l'ai insulté, humilié, dénigré, occulté, griffé, pincé, et j'en passe… Il a subi plus qu'il n'en fallait et je n'ai jamais été là pour lui. Et pourtant, je continuais de lui en vouloir. Je ne l'ai pas défendu, je ne lui ai pas remonté le moral quand ça n'allait pas, je ne l'ai pas tiré vers le haut, je ne lui ai pas montré d'issue de secours. Je l'ai regardé tomber tout en le détestant. Quand j'ai réalisé que je n'étais bien ni dans ma vie ni dans mon corps, j'ai compris.

IL FALLAIT QUE ÇA CHANGE.

Je sais ce que tu te dis : « Cette femme parle de son corps à la troisième personne, est-ce normal ? » Oui oui, chère lectrice ! ☺ Je pars du principe que mon corps est une personne à part entière et le personnifier m'aide à prendre conscience de ce que je lui inflige.

Quand j'ai débuté le travail sur moi, j'ai d'abord commencé par mon physique. C'est ce qui me semblait le plus urgent : c'était la partie la plus meurtrie. Je ne pouvais plus vivre la vie que je menais, où j'oscillais entre vouloir qu'on me voie et vouloir être transparente. Alors j'ai pris mes responsabilités face à mon miroir et j'ai équipé ma lampe frontale pour partir à la découverte de moi-même.

On lit partout dans les magazines « Aimez-vous telle que vous êtes », mais **pour s'aimer telle qu'on est, il faut déjà savoir QUI on est.** ☺ C'est à ce moment-là qu'il faut retrousser ses manches et aller fouiller dans ses souvenirs, ses émotions, ses envies. Pas facile, tu me diras, mais nécessaire (conseil d'amie : prévois des mouchoirs au cas où !). J'ai lu des livres, développé mon intuition, j'ai tenté des choses, fait des thérapies. Je me suis cassé la gueule et j'ai appris à me relever...

Mais surtout, j'ai écouté mon cœur. Ce cœur rempli de culpabilité parce que j'étais différente, parce que j'avais un rire trop fort, des grosses cuisses, des cheveux imposants, une imagination débordante... et j'en passe. Ce cœur rempli de tristesse et de colère parce que je n'étais pas acceptée pour ce que j'étais. Au fond, je donnais raison à tous ceux qui me pointaient du doigt. C'était beaucoup plus profond qu'une simple histoire de physique et de kilos en trop. Je devais aller puiser en moi pour comprendre quels étaient mes valeurs, mes envies, mes ambitions, mes qualités et mes défauts.

Au fil des années, j'ai compris que l'on devient ce que l'on pense. Plus je me sentais moche, plus j'étais moche. Plus je pensais être bête, plus je m'enfonçais dans la bêtise... Je n'ai compris que plus tard l'impact des mots sur le corps. Qui n'a jamais dit au moins une fois dans sa vie « Ce jean ne m'ira jamais », « Je ne suis pas assez belle », « Je suis trop grosse pour plaire », « Je ne me sens pas bien dans ma peau » ou encore le fameux « Je me sens moche » ? On l'a déjà toutes dit au moins une fois ! En réalité, le problème n'est pas seulement de l'affirmer, mais d'abord de le penser. J'entends beaucoup trop de femmes dire qu'elles détestent leur corps, qu'elles veulent le changer coûte que coûte, qu'avoir confiance en soi, c'est peine perdue pour elles.

J'ai alors commencé à faire péter mes barrières, l'une après l'autre. Cela n'a pas été facile, c'était un peu comme réapprendre à marcher. Finalement, **s'aimer devrait être aussi naturel que respirer.**

Avoir confiance en soi, ce n'est pas infaisable (crois-moi, si j'ai réussi, tu peux y arriver aussi ! Et je reviens de loin...), mais je ne vais pas te mentir : il va falloir se forcer. Tout ce que tu as appris sur toi concernant l'estime de soi, il va falloir le désapprendre. Je souhaite que tu te rendes compte que tout ce que tu as vécu façonne la personne que tu es aujourd'hui, que chaque émotion que tu ressens fait partie de toi, que tu es UNIQUE et que c'est parfait comme ça !

Si tu en as assez de fuir le miroir, de te prendre la tête sur tes défauts, si tu gaspilles ton énergie à vouloir être parfaite aux yeux des autres, alors ce livre est pour toi. Utilise-le comme une boîte à outils pour t'aider à prendre conscience de qui tu es et être en paix avec toi-même. Au fil des pages, tu vas comprendre que tu n'es pas seule, qu'on a toutes le même cheminement de pensée (et que, parfois, on peut aller trèèès loin), qu'on est souvent dans le déni, au point de friser le ridicule ou de se mentir à nous-mêmes.

Sors de ce schéma qui nourrit le déni, qui t'éloigne de tes responsabilités et qui te déconnecte de toi-même.

#FaisPéterTesBarrières est pour toutes celles qui veulent enfin être libres d'être elles-m'aime. Tu penses que c'est un lapsus ? Pas du tout ! Tout tourne autour de l'amour dans ce livre, et ce # est une déclaration d'amour à toi-même. Il est temps de te révéler et ce livre est là pour t'y aider.

Parler confiance en soi et acceptation du corps est une passion, et c'est devenu mon métier. J'ai quitté mon métier de juriste qui me rendait malheureuse pour créer Happy Fit, un concept qui propose d'acquérir la confiance en soi par le sport. Je me nourris de mon histoire au quotidien, car ce sont tous mes combats et toutes mes erreurs qui ont fait de moi la personne que je suis aujourd'hui. Quand on me demande si je regrette mon parcours professionnel, je réponds que je n'aurais jamais créé Happy Fit si je n'étais pas passée par toutes ces épreuves physiques et mentales.

Quand je repense à mon CV corporel, j'ai passé plus d'années à haïr mon corps qu'à l'accepter. Aujourd'hui, on forme une équipe solide : on se parle, on se soutient, on s'engueule parfois, mais je peux toujours compter sur lui ! On a fait la paix. C'est toutes les leçons de ce travail sur moi que je souhaite te transmettre dans ce livre. Mon but est de t'aider à réconcilier ton corps et ton esprit pour mener une vie sereine.

QU'EST-CE QUI T'ATTEND ?

Je souhaite provoquer en toi un déclic. Et pas n'importe lequel ! Je voudrais que tu réalises que la vie est un chemin tortueux avec des étapes plus ou moins agréables. Les barrières que l'on se met ont un impact important dans notre liberté et il est plus fatigant de trouver des ruses pour faire croire que tout va bien plutôt que d'être soi-même, avec toute la vulnérabilité que cela implique.

Certaines valeurs comme la confiance en soi, l'estime de soi et l'amour de soi sont essentielles pour moi. Elles sont les éléments indispensables à mon bien-être. Je souhaite vraiment que tu intègres, petit à petit, chacune de ces valeurs dans ta vie.

Mon but, c'est qu'à la fin de cette introduction, tu te dises : « Ok, donc là je suis en train de me pourrir la vie avec mes propres barrières, je dois (et je veux) m'en éloigner. »

Si tu arrives à cette conclusion, c'est parfait ! Tu seras à l'aube d'un nouveau chapitre de changements. ☺

COMMENT ÇA SE PASSE ?

J'ai choisi de construire ce livre comme un chemin que tu suivras à ton rythme. Si tu te perds, reviens en arrière, fais une pause, relis des passages, pose-toi des questions. Je veux que ton cœur ressente les choses, que tes émotions se réveillent. Si tu te sens triste ou énervée, si tu ris jaune… referme ce livre et reprends ta lecture plus tard. ☺

Sur ce chemin, je te demanderai parfois de prendre des pauses pour réfléchir. D'autres fois, je te raconterai des anecdotes (parler, c'est ma passion !), parce que c'est souvent grâce à de vraies expériences que l'on prend conscience des choses.

Dans ce livre, tu trouveras des top 5, des conseils, des chroniques, des témoignages et des exercices pour déclencher des prises de conscience. Chaque page est là pour provoquer une vague en toi. ☺

CONSEIL : J'ai voulu que ce livre soit vivant. Lis-le comme si j'étais face à toi et que je te parlais.

ALORS, PRÊTE À AVOIR CE DÉCLIC ?

Quand je dis déclic, je ne parle pas du déclic qui te tire vers le bas et te donne envie de te mettre sous ton plaid avec un bol de céréales ! Je ne parle pas non plus de celui qui te pousse à t'inscrire à la salle de sport sur un coup de tête, y aller 5 fois par semaine et abandonner au bout d'un mois à bout de force et les muscles en compote (#TrueStory) !

TU AURAS LE DÉCLIC EN TE DISANT : « OK, J'EN SUIS LÀ. MAINTENANT JE VEUX AVANCER. »

La société, les médias, la famille... ont tous un impact dans nos vies de femmes. Il est très important de comprendre que le fait d'avoir un complexe est universel. Nous sommes toutes complexées par notre morphologie, notre nationalité, notre couleur de peau, notre catégorie socioprofessionnelle... Et ce n'est pas une fatalité. L'essentiel n'est pas tant de se dire que l'on n'est pas seule à vivre complexée, mais plutôt d'avancer ensemble, de partager et de s'aider à déconstruire tout ce qui nous bride.

Nous allons faire un état des lieux. Tu vas regarder et analyser ta zone sinistrée avant de la reconstruire (et tant qu'à faire, autant reconstruire un château de Versailles, non ?).

DEMAIN,

C'EST

AUJOURD'HUI.

PARLER EN PUBLIC
REGARD DES AUTRES
PLAGE
Maillot de bain
Vernis rouge
SALLE DE SPORT

QU'EST-CE QU'UNE BARRIÈRE ?

« Petite, j'ai pratiqué de nombreux sports comme la natation, l'escrime ou la gymnastique artistique. Je voyais bien que j'étais différente des autres, mais cela ne m'empêchait pas de faire les mouvements demandés. Pourtant, les enseignants avaient toujours une remarque à faire sur mon physique. On me disait constamment qu'il fallait faire du sport pour maigrir, donc j'ai grandi avec l'idée que maigrir était une fin en soi, qu'être plus mince me rendrait heureuse. Ce que j'ignorais, c'est que toutes ces remarques et ces croyances ont semé des barrières qui m'ont pourri l'existence. Toute ma vie est devenue synonyme de barrière : me mettre en maillot de bain, mettre du vernis rouge, aller au cinéma seule, parler en public, me plaindre de mon plat au restaurant, m'habiller telle que je voulais, lâcher mes cheveux, courir en short, dire ce que je ressentais… Je me jugeais en permanence, alors que je trouvais toutes ces barrières totalement ridicules et pathétiques… »

Une barrière, c'est handicapant, c'est lourd parfois, c'est étouffant, oppressant, et faire péter tout ça a quelque chose d'explosif et de libérateur.

Parfois, tout devient difficile, lourd et ridicule. Vivre avec des pensées négatives et une estime de soi aussi faible est vraiment nuisible.

Consciente du danger et des dégâts provoqués par ces fameuses barrières, j'ai voulu créer Happy Fit, un concept pour prendre confiance en soi à travers la pratique sportive, et lancer un véritable mouvement de libération :

#FaisPéterTesBarrières.

POURQUOI FAIRE PÉTER SES BARRIÈRES ?

Pour être libre. Libre d'être soi-même, de dire, de faire, de ne pas faire, de penser, de ressentir, de comprendre, de bouger...

Consciemment ou non, on a tous tendance à penser que nos barrières nous protègent.

En réalité, elles nous empêchent de vivre. Ce que tu as pris pour une stratégie de protection ne fonctionne pas. Au lieu de te protéger, tes barrières t'immobilisent, te tirent vers le bas, te bloquent, te poussent à te déprécier...

Une fois que l'on comprend ce cercle vicieux, la culpabilité s'ajoute et vient créer un cocktail explosif parfait pour ne pas avancer.

Alors aujourd'hui, il est temps pour toi de supprimer cette négativité de ta vie.

**LIBÈRE-TOI DES CHOSES INUTILES,
DÉBARRASSE-TOI DES CROYANCES
QUI T'ENFERMENT ET TE LIMITENT,
DES INTERDICTIONS DONT
TU ES À LA FOIS VICTIME ET BOURREAU.**

Tu vas prendre tous les outils de ce livre et te libérer une bonne fois pour toutes de ces chaînes qui te lient à ce mal-être.

Faire péter ses barrières, c'est aussi addictif. La première barrière est la plus dure à franchir, qu'il s'agisse de se mettre en short, de prendre la parole en public ou encore de changer de vie. Une barrière n'est ni grosse ni petite, elle n'est jamais ridicule ou banale. Une barrière, c'est personnel et c'est propre à chacun.

Une fois qu'on se jette dans le grand bain, impossible de faire marche arrière : quand on commence, on ne s'arrête plus !

PRÊTE ? ALORS C'EST PARTi :
FAISONS PÉTER TES BARRIÈRES !

PARCE QUE SE LIBÉRER, C'EST SE RÉVÉLER.

Dans ce livre, tu vas :

- prendre conscience de tes barrières et de leurs conséquences sur ton bien-être ;
- apprendre à laisser circuler tes émotions ;
- découvrir des outils pour réconcilier ton corps et ton esprit ;
- comprendre que le regard des autres n'a pas d'importance si le tien est en paix ;
- apprendre beaucoup sur toi et sur ceux qui t'entourent ;
- et surtout rire de toi-même !

AUJOURD'HUI, JE FAIS PÉTER MES BARRIÈRES !

PRISE DE CONSCIENCE

LES 5 TRUCS INAVOUABLES

1. Je n'aime pas faire la bise aux gens.

2. Je n'ose pas demander de répéter si je n'ai pas compris.

3. J'ai peur de me plaindre de mon plat au serveur.

4. Je n'ose jamais dire non à quelqu'un qui a besoin de moi.

5. Je me retiens de pleurer en public.

Quand tu ne dévoiles pas ce que tu penses :

- ton corps pense qu'il ne mérite pas d'être entendu ;
- tu finis par te blesser ;
- tu ne te respectes pas ;
- tu cèdes à la peur du jugement des autres ;
- tu ne te fais pas passer en priorité.

Quand tu dévoiles ce que tu penses :

- tu es fidèle à toi-même ;
- tu te reconnectes à ton corps ;
- tu te respectes et tu gagnes en respect des autres ;
- tu évacues toute frustration et culpabilité ;
- tu existes et tu es authentique.

LISTE ICI CE QUI TE SEMBLE INAVOUABLE.

Que te manque-t-il pour oser être toi-même ? As-tu besoin de temps ? D'argent ? De confiance en toi ? D'écoute ?

Mettre des mots sur ce qui nous manque nous permet d'aller le chercher ! ☺

LES 5 BARRIÈRES QUI NOUS EMPÊCHENT D'ÊTRE NOUS-M'AIME

Ce que tu penses
Ce qu'il serait bon de se rappeler

1. LES SHORTS, C'EST POUR CELLES QUI ONT DE JOLIES CUISSES.

« Je n'ai pas de jolies cuisses, personne ne doit les voir »

Peu importe leur taille ou leur forme, tes cuisses ont le droit d'être regardées, vues et même aimées.

2. SI JE METS DU ROUGE À LÈVRES DE COULEUR ROUGE, TOUT LE MONDE VA ME REMARQUER.

« Je préfère être transparente » « Je ne suis pas assez belle pour mettre du rouge à lèvres »

Tu as acheté ce rouge à lèvres car il te plaît. Rappelle-toi pourquoi tu voulais le mettre et raccroche-toi à cette pensée : le principal est que tu as envie de le mettre !

3. JE N'OSE PAS PARLER EN PUBLIC CAR JE SUIS BÊTE.

« Il faut que je me taise » « Je n'essaie même pas de parler, ça ne sert à rien » « Personne ne m'écoute »

Qui a dit que tout ce qui sort de nos bouches devait être intelligent ? Parle avec ton cœur, ce ne sera jamais bête.

4. JE NE PEUX PAS ME METTRE EN MAILLOT DE BAIN AVEC LE CORPS QUE J'AI.

« Je suis moche » « Je dois cacher mon corps » « Quelle horreur »

On n'a jamais vu quelqu'un se faire expulser d'une piscine ou d'une plage à cause de son corps. Et ça ne commencera pas avec toi !

5. J'AI PEUR DES MIROIRS.

« Je ne veux pas me regarder, je suis horrible » « Même le miroir ne veut pas de moi »

Le miroir est un objet. Ni plus, ni moins ! Il n'est pas là pour te dévaloriser ou te mettre mal à l'aise. Ce n'est ni ton ami, ni ton ennemi.

7:00

CHRONIQUE D'UNE CATASTROPHE MATINALE

Voici un bon exemple de matinée dont le sujet est la prise de poids. Tu ne penses qu'à cela, tu te culpabilises, t'empêches de manger, te forces à aller au sport, te dénigres et te compares aux autres.

7 h : Le réveil est difficile. J'ai mal dormi. Je ne me sens pas au top. Cela se voit, quelle sale tête !

7 h 10 (devant le miroir de la salle de bains) : Ah oui, dur dur.

7 h 11 : Je me sens moche.

7 h 12 : Je me sens grosse. Je suis sûre que j'ai grossi.

7 h 15 : Tiens, je vais me peser.

7 h 16 : Voilà, j'avais raison, j'ai grossi.

7 h 17 : Je suis grosse.

7 h 18 : Bon allez ce matin, c'est décidé, je ne mange pas.

7 h 20 : Comment je vais m'habiller ? Rien ne me va, tout me boudine...

7 h 30 : Je me déteste. Tout me serre, tout est moche.

7 h 32 (devant le miroir de la chambre) : Je te déteste. Pourquoi tu as gonflé ? Qu'est-ce que je t'ai fait ?

7 h 35 : Bon, je suis en retard maintenant. Voilà, je ne sers vraiment à rien.

7 h 45 : Je sens que cette journée va être pourrie...

7 h 59 : Et en plus, maintenant j'ai faim.

Reprenons le cours de cette matinée, étape par étape. Je vais te donner mon avis, ainsi que quelques conseils pour éviter la catastrophe matinale.

7 h : Le réveil est difficile. J'ai mal dormi. Je ne me sens pas au top. Cela se voit, quelle sale tête !

Fais confiance à ton instinct. Tu sens que tu as une sale tête ? C'est probablement vrai.

7 h 10 (devant le miroir de la salle de bains) : Ah oui, dur dur.

7 h 11 : Je me sens moche.

Évite les pensées négatives. Tu sens que ce n'est pas une journée au top, alors laisse couler.

7 h 12 : Je me sens grosse. Je suis sûre que j'ai grossi.

Quel est le rapport entre une sale tête et des kilos en trop ?

7 h 15 : Tiens, je vais me peser.

Quelle bonne idée : rajoute-toi une pensée négative de plus à gérer dans ta journée !

7 h 16 : Voilà, j'avais raison, j'ai grossi.

Cette étape ne devrait même pas avoir lieu. Se peser quand on sent qu'on a grossi est la pire des idées.

7 h 17 : Je suis grosse.

7 h 18 : Bon allez ce matin, c'est décidé, je ne mange pas.

Autrement dit, tu décides de punir ton corps. Il va être ravi !

7 h 20 : Comment je vais m'habiller ? Rien ne me va, tout me boudine...

Prévois une tenue neutre sauveuse de mauvaise journée : une tenue passe-partout et confortable, qui ne moule pas et qui n'est pas trop large, dans laquelle tu ne te poseras pas de questions.

7 h 30 : Je me déteste. Tout me serre, tout est moche.

7 h 32 (devant le miroir de la chambre) : Je te déteste. Pourquoi tu as gonflé ? Qu'est-ce que je t'ai fait ?

Quel est l'effet de ce genre de discours envers ton corps ? Il va se braquer.

7 h 35 : Bon, je suis en retard maintenant. Voilà, je ne sers vraiment à rien.

En 35 minutes, tu es passée de « Je suis moche » à « Je suis grosse » puis « Je ne sers à rien ». Formidable !

7 h 45 : Je sens que cette journée va être pourrie...

Vu tout ce que tu t'es dit dès le réveil, c'est sûr, elle ne va pas être top !

7 h 59 : Et en plus, maintenant j'ai faim.

Se retenir de manger n'a jamais arrangé les choses, ça se saurait !

ÊTRE HEUREUSE

D'après moi, être heureuse c'est profiter des plaisirs de la vie (notamment la nourriture) et se sentir bien dans son corps.

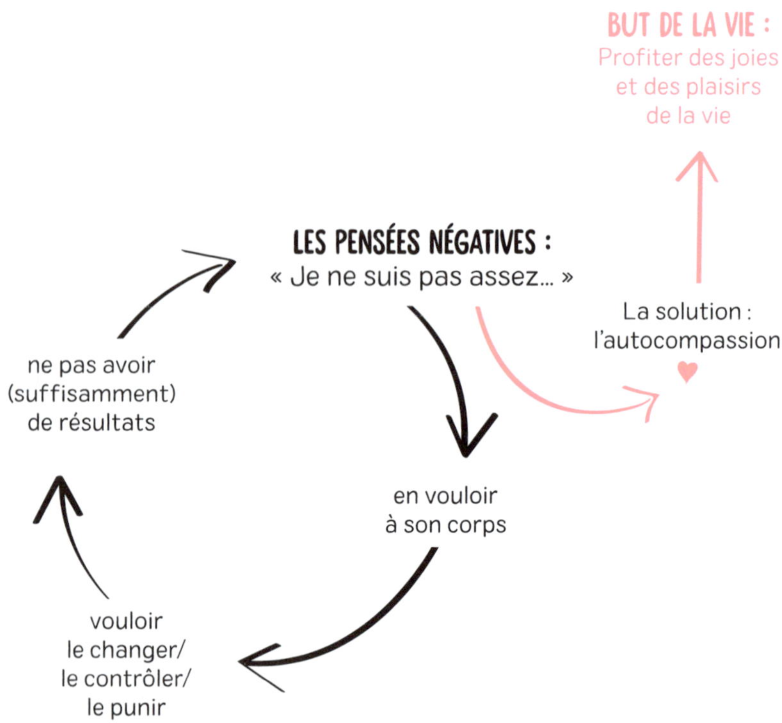

QUEL CHEMIN VAS-TU CHOISIR ?

Comme tu as pu le remarquer, le chemin de droite est beaucoup plus court et ne te fait pas tourner en rond.

Peu importe ce qui te pousse à choisir le chemin de gauche : ta famille, tes collègues, la personne qui partage ta vie, les magazines, la télé, les réseaux sociaux... C'est à toi d'en sortir. C'est ta responsabilité. ☺

Même s'il est plus facile d'opter pour l'autosabotage, l'autocompassion va t'offrir beaucoup d'autres perspectives.

Pour cela, pardonne-toi tes erreurs. Si tu n'y parviens pas, répète-le à voix haute un million de fois. On finit toujours par pardonner à quelqu'un qui nous supplie, non ?

Donne-toi cette chance et autorise-toi le pardon. Ton corps est avec toi, pour la vie. Il n'est pas contre toi.

IL EST IMPOSSIBLE DE S'AIMER SANS AVOIR PRIS LE TEMPS DE SE CONNAÎTRE D'ABORD.

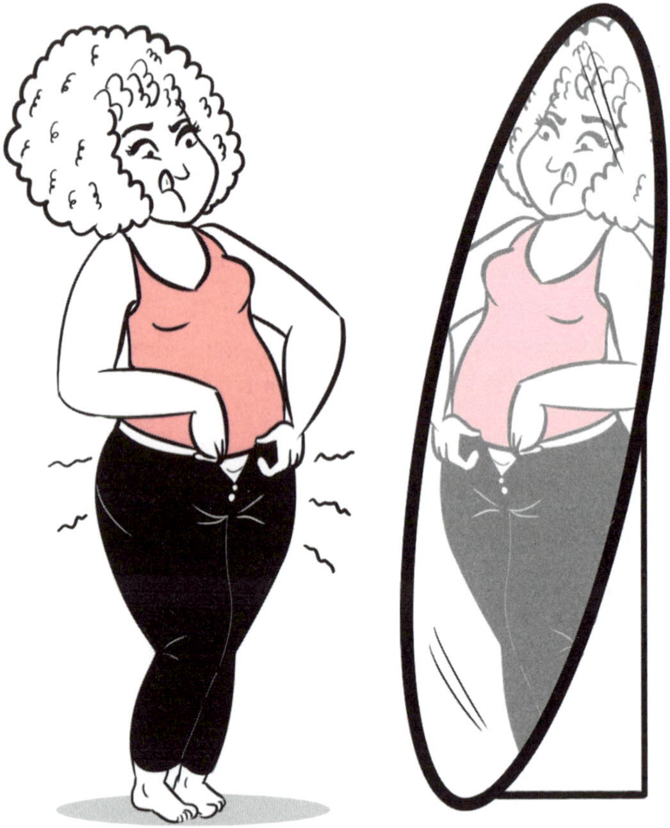

CHRONIQUE D'UN DÉNI

8 h : Le réveil sonne.

8 h 20 : Je m'habille. Je mets un jean. Il ne ferme pas.

8 h 21 : Je me regarde dans le miroir. C'est ce jean qui me grossit, en fait. Aaargh.

8 h 24 : Je change de jean.

8 h 25 : Le second jean me serre à la taille. Il a dû rétrécir au lavage, je ne vois pas d'autres explications.

8 h 26 : Je n'ai pas le temps de détendre mon jean... C'est fichu pour aujourd'hui.

8 h 30 : Je mets une robe large. C'est plus sûr.

9 h : J'arrive au boulot.

9 h 05 : Je flâne sur Ikea.fr. Je vais remplacer ce miroir qui me renvoie un reflet pourri.

9 h 20 : Je prends un café. Un collègue passe et me dit : « Tu as bien profité pendant tes vacances, dis donc ! »

9 h 21 : C'est quoi le problème aujourd'hui ? C'est un complot pour que je craque, c'est ça ?

17 h 30 : Je vais faire du shopping avant d'aller récupérer mon nouveau miroir. Autant l'inaugurer avec du neuf. ☺

17 h 35 (dans la cabine d'essayage) : Rien ne me va. Tout me serre. C'est donc bien un complot.

17 h 45 : Je tente le tout pour le tout. J'essaie une taille au-dessus. Tiens, ça rentre.

17 h 47 : Je me regarde à nouveau dans le miroir. J'essaie de comprendre.

17 h 50 : Bon, j'avoue. J'ai grossi.

« Combien de fois ai-je accusé le miroir de me grossir, les vêtements de me serrer, la machine à laver de rétrécir mes vêtements, le muffin d'être trop gras, la tablette de chocolat de m'appeler ?

Pour moi, tout ce qui touchait à mon physique était source de déni. Ce déni prenait tellement de formes différentes que je ne savais même plus reconnaître le vrai et du faux. Je me considérais victime de mes complexes sans en prendre la responsabilité. J'étais devenue experte du "Ce n'est pas ma faute", sans réaliser que je ne pouvais m'en prendre qu'à moi-même... Et il m'a fallu du temps pour comprendre que le déni nous rattrape toujours, qu'il n'est pas une porte de sortie durable. »

Être dans le déni, c'est se créer une autre réalité. C'est mentir aux autres et à soi-même. C'est creuser un écart immense entre ce que tu montres aux autres et ce que tu penses réellement de toi. C'est se déconnecter de la vraie vie, de ses émotions pour s'enfermer dans une prison que l'on crée soi-même. Quand tu ouvres finalement les yeux, tu découvres que tu te mens depuis longtemps. Tu culpabilises d'avoir perdu autant de temps, d'avoir accusé à tort des choses ou des personnes, et de t'être déconnectée de toi. Tu en arrives même à culpabiliser de culpabiliser !

IL NE SERT À RIEN
NI À PERSONNE
DE MENTIR.
LA VÉRITÉ EST BELLE
PARCE QU'ELLE
EST VRAIE.
N'AIE PAS PEUR
DE DÉCOUVRIR
QUI TU ES VRAIMENT.

LES 5 SIGNES DU DÉNI DE SOI

1. « LE PROBLÈME, CE N'EST PAS MOI MAIS LES AUTRES. »

Dis donc, tu n'as plus 10 ans ! Ce n'est plus possible de dire « Ce n'est pas ma faute, c'est lui ou elle » !

Si tu remets la faute sur autrui, cela t'empêche de réfléchir sur toi et d'avancer. En considérant ta part de responsabilité, tu réfléchis à ton mode de pensée.

Au contraire, en déclinant toute responsabilité, tu risques de te déconnecter de la réalité et des autres. Car dans ton scénario, les autres sont toujours les méchants. Or, ce n'est pas la réalité.

Au lieu de te demander à qui est la faute, évalue ta part de responsabilité dans ce qui t'arrive. Quelle leçon peux-tu tirer de telle ou telle situation, afin de faire en sorte qu'elle ne se reproduise plus ?

2. « JE NE FAIS JAMAIS LES BONS CHOIX. »

Dans la vie, il n'y a pas de bons ou mauvais choix. Faire des choix est une manière d'avancer. S'en vouloir d'avoir fait les mauvais choix n'a donc aucun sens.

Tu n'es pas convaincue ? Voici un exemple très simple :

Tu as envie d'aller voir un film au cinéma après avoir regardé sa bande-annonce. Tu te décides et vas le voir.

Verdict : le film était nul. Tu ne peux pas t'en vouloir, puisque tu ne pouvais pas savoir que le film allait être nul.

Pour les choix de vie, c'est pareil : si tu te rabaisses en te persuadant que tu ne fais jamais les bons choix, tu remets la faute sur toi. Ce n'est absolument pas juste. Tu as choisi, c'est déjà beaucoup !

Considère tes décisions avec un regard positif. Si tu as fait le « bon » choix, alors tant mieux. Si ce n'est pas le cas, retiens les raisons pour lesquelles tu as fait ce choix : cela te permettra de ne pas réitérer.

3. « PERSONNE NE ME COMPREND. »

Si c'est vraiment ce que tu ressens, c'est que soit :

- tu ne parles pas assez et ne dis pas tout ce que tu as à dire. Arrives-tu vraiment à parler avec ton cœur ? À exprimer ce que tu ressens ?
- tu ne parles pas aux bonnes personnes. On ne se comprend pas tous, et c'est normal. Entoure-toi de personnes qui parlent le même langage que toi.

Si tu te persuades que personne ne te comprend, tu t'enfermes dans un monde où tu es seule. Tu n'as peut-être pas encore rencontré les personnes qui sauront t'écouter et te comprendre, celles qui partagent tes valeurs, ton mode de fonctionnement et ta façon de t'exprimer.

**NE SOIS PAS PRESSÉE,
CELA VA VENIR.**

4. « JE N'AI JAMAIS DE CHANCE. »

Quand on pense à la chance, on se dit souvent que certains en ont et d'autres pas.

En réalité, derrière chaque facteur « chance », il y a du travail, des pensées positives, une intention ou un choix.

Penser qu'on a de la chance ou non, c'est remettre son destin entre les mains d'une chose extérieure. Cela nous rassure car on évite ainsi de prendre des responsabilités.

Chaque situation « de chance » s'explique très concrètement :

- l'élève qui a eu son bac n'a pas de chance, il a travaillé pour ;
- la collègue qui part en vacances à Bora-Bora n'a pas de chance, elle a travaillé pour.

5. « JE NE SAIS PAS POURQUOI JE GROSSIS. »

Je vais t'avouer un secret : nous n'échappons pas aux calories, JAMAIS.

Derrière chaque kilo que tu prends et que tu ne vois pas, il y a un déni : de ce que tu manges, des quantités que tu manges, d'un dérèglement médical, hormonal ou psychologique.

Grossir n'est pas mal ou mauvais en soi (sinon je m'arrêterais immédiatement de vivre, hein !). Néanmoins, grossir sans le voir et sans en connaître la raison est problématique.

Peut-être que tu ne te regardes pas assez dans le miroir, que tu ne te connais pas assez pour voir ton corps se transformer. Ce n'est pas aux autres de t'expliquer d'où vient le fait que tu as grossi, et ce n'est pas un élément extérieur qui est la raison de cette prise de poids. Prends le temps de réfléchir et de t'observer, tu auras les réponses à tes questions.

Pourquoi
j'ai grossi ?!!!

Liste ici tous tes dénis et ta part de responsabilité pour chacun d'entre eux.

DÉNIS	PART DE RESPONSABILITÉ
....	....
....	....
....	....
....	....
....	....
....	....
....	....
....	....
....	....

Une fois avoués, ils existent et ce ne sont plus des dénis.

Tu t'en libères, bravo ! Là, on avance vraiment ! ☺

CHRONIQUE D'UNE PRESSION INUTILE

Je me mets en scène volontairement car j'ai vécu ce scénario de nombreuses fois !

10 h : Un ami me propose un resto ce soir.

11 h : Je n'ai toujours pas répondu. Je réfléchis car j'ai déjà un déjeuner professionnel ce midi. Et deux repas au resto dans la même journée, ça va faire beaucoup à éliminer !

12 h : Je contrôle ce que je mange au restaurant. Je choisis une salade alors que je crève de faim, mais je pense à ce soir... Je me venge sur le pain. Puis le dessert. En fait, j'aurais dû manger normalement...

14 h : Je donne (enfin) une réponse positive pour le restaurant de ce soir. Et je prévois une double dose de sport pour demain.

16 h : Je suis étonnée d'avoir faim avec tout le gluten que j'ai ingurgité à midi ! Je me retiens. Dans ma tête, chaque calorie = une minute supplémentaire de cardio.

18 h : C'est l'happy hour. J'ai faim et j'y ai pensé tout l'après-midi. Je me jette sur les cacahouètes. J'en suis à 2 millions de calories à éliminer...

20 h : J'ai encore faim. Je suis un ogre, je ne vois pas d'autre explication. Je pense à toutes les calories que j'aurai à éliminer demain. J'en déprime d'avance. Et comme j'ai faim et que j'ai fait TOUT ça pour le resto de ce soir, je mange.

00 h : Je rentre. Fatiguée et remplie de cochonneries parce que je n'ai pas su me contrôler. Je suis faible. Je m'endors en culpabilisant.

Le lendemain matin : Je pense à tout le sport que je dois faire aujourd'hui et j'angoisse. Je saute le petit déjeuner, ce sera ça de gagné ! Et rebelote.

À RETENIR :

- 2 restos en une seule journée, ça arrive et ça s'appelle LA VIE !
- On ne rattrape pas un resto par une séance de sport.
- On ne s'empêche pas de vivre.
- On ne se met pas de pression sur le sport.
- On ne se projette pas, on vit le moment présent en respectant :
  - sa faim
  - ses envies
  - son sommeil
  - son corps

Te rends-tu compte du temps et de l'énergie que tu auras dépensés à vivre dans la frustration et l'anticipation ?

RAPPELLE-TOI QUE LE TEMPS, C'EST DE L'AMOUR !

JE FAIS DE MOI MA PRIORITÉ.

CE QUE L'ON PENSE VOULOIR *VS* CE QUE L'ON VEUT VRAIMENT

Se comprendre est le point de départ de toute cette transformation. Quand on découvre ce que l'on veut vraiment, la vie est plus douce, plus sereine et plus attirante.

UN CORPS DIFFÉRENT → **AVOIR CONFIANCE EN SOI**

CHANGER → **S'ACCEPTER TELLE QUE L'ON EST**

S'IMPOSER DES LIMITES → **SE FAIRE CONFIANCE**

DE LA DISCIPLINE → **DE L'AUTOCOMPASSION**

DU CONTRÔLE → **DE LA LIBERTÉ**

Souvent, pour éviter de se retrouver dans des situations source de mal-être ou de complexes, on s'invente les meilleures excuses (pas toujours glorieuses et très souvent ridicules). À force de se trouver des excuses, on s'enferme dans une zone de confort. À cause de ce refus de se retrouver face à soi et face à ce qui nous met mal à l'aise, on s'enlise dans le déni. On pense berner les autres, on croit avoir la meilleure excuse, mais il n'en est RIEN.

CE QUE L'ON PENSE VOULOIR

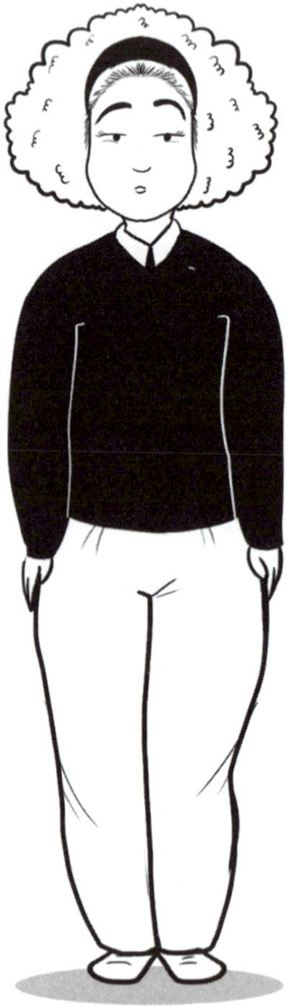

VS CE QUE L'ON VEUT VRAIMENT

LE SPORT EST
L'EXPRESSION
DE QUI TU ES,
NON PAS
UNE PUNITION
DE QUI
TU N'ES PAS.

PARLONS SPORT !

Pas sport dans le sens que tu imagines, mais plutôt les angoisses relatives au sport. Je vais essayer de dédramatiser toutes tes croyances limitantes et tes pensées négatives en remettant tes doutes, tes peurs et tes barrières dans leur contexte. Qui sait, cela va peut-être t'aider à te réconcilier avec le sport ?

**AU SPORT, TU DOIS T'AMUSER ;
PAS LUTTER CONTRE TES BARRIÈRES !**

LE POIDS N'EST
QU'UN CHIFFRE.

IL NE TE DÉFINIT PAS.

Que se passe-t-il quand tu laisses ton poids, ta taille ou ta morphologie te définir ?

Tu as une vision réduite de toi-même. Tu t'enfermes dans un monde qui ne prend en compte que ton enveloppe extérieure. Résultat : ton obsession du physique te détache de ta beauté intérieure.

Oui, tu as bien entendu, j'ai dit : **« ton obsession du physique ».** Tu te réduis donc à être superficielle alors que je suis certaine, qu'en réalité, tu ne l'es pas.

Tu es bien plus que ton enveloppe corporelle. Tu es la somme d'expériences, de perceptions, de créativité, de relations, de talents, d'humour, de personnalité, d'attitudes, d'une voix, et bien plus encore… Tu portes aussi le poids de tes ambitions, de tes valeurs, de tes responsabilités, de tes qualités et de tes défauts.

Et c'est tout cela réuni qui fait de toi la personne que tu es.

Tu es unique et géniale ainsi, ne l'oublie jamais.

LES 5 EXCUSES POUR ÉVITER LE MAILLOT DE BAIN EN PUBLIC

Réponse de ton entourage
Dialogue intérieur ou contre-argument

1. JE SUIS ALLERGIQUE AU SOLEIL.

« Pas grave, tu resteras sous le parasol ! »

Pourvu qu'il n'y ait pas de parasol !

2. JE NE SUPPORTE PAS LA CHALEUR.

« On ira en fin de journée, quand il fera moins chaud. »

Je prie pour qu'un imprévu arrive, ou mieux, un orage !

3. J'AI MES RÈGLES.

« Mets un tampon (bio surtout !) ou ta coupe menstruelle. »

Ah non, je ne mets que des serviettes, désolée.

4. JE NE SAIS PAS NAGER.

« Qui a parlé d'aller nager ? On va juste bronzer ! »

Je suis allergique au soleil. (On en revient à l'excuse 1)

5. J'AI OUBLIÉ MON MAILLOT DE BAIN.

« Je t'en prête un ! »

Pourvu que je ne rentre pas dedans !

Toutes ces excuses, je les ai pratiquées de nombreuses fois... Je peux te dire, avec toute mon honnêteté et ma bienveillance, que :

- ces excuses sont bidons et tout le monde le sait ;
- tu punis ton corps en l'empêchant de goûter à l'une des meilleures sensations du monde : sentir la chaleur du soleil sur sa peau ;
- tu te coupes de moments de vie avec tes amis, ta famille et les gens que tu aimes en te mettant à l'écart ;
- tu peux passer pour une personne désirant attirer l'attention alors que tout ce que tu veux, c'est justement le contraire ;
- tu finiras par te braquer en oubliant que les gens t'aiment et veulent juste partager un bon moment avec toi ;
- un maillot de bain, c'est juste un morceau de tissu ;
- tu gaspilles énormément d'énergie à prévoir à l'avance des contre-arguments ;
- tu te mets une pression inutile ;
- tu te culpabilises.

Cela fait beaucoup, non ? Je me rappelle avoir ressenti tout cela à la fois et m'en être voulu pendant des heures. Toute cette culpabilité, ce stress et cette réflexion pour un simple maillot de bain, penses-tu que cela en vaille vraiment la peine ? Ce moment devrait plutôt être synonyme de vacances, plage, piscine, fun, soleil...

NOUS NE SOMMES PAS PARFAITES, ET NOUS NE SOMMES PAS CENSÉES L'ÊTRE.

LES 5 ANGOISSES D'UNE SALLE DE SPORT

Ces angoisses n'ont rien à voir avec le sport en lui-même, mais peuvent gâcher ta séance et te démotiver !

1. PERDRE SON BADGE OU SA CARTE D'ADHÉRENTE

Tu dois aller parler au personnel de la salle de sport, ce qui peut être impressionnant quand tu veux passer inaperçue.

Cela arrive à tout le monde. Personne ne te jugera pour si peu !

2. ARRIVER EN RETARD AU COURS ET SE RETROUVER AU PREMIER RANG

Tu te dis qu'on ne va voir que toi, alors que tu préfèrerais être au fond, invisible.

En réalité, on ne remarque que ceux qui se cachent, si si ! Il vaut mieux être devant et avoir la chance d'être corrigée par le coach plutôt qu'être au fond et risquer de se blesser.

3. NE PAS SAVOIR COMMENT FAIRE FONCTIONNER UNE MACHINE

Tu vis cela quand tu es nouvelle. Souvent, tu te sens un peu bête de ne pas savoir. Tu vas devoir aller demander de l'aide à l'un des coachs.

On a tous été débutants à un moment. Il vaut mieux demander de l'aide plutôt que risquer de te blesser. Les coachs seront ravis de t'aider, ils sont là pour ça !

4. SE CHANGER DANS LES VESTIAIRES DEVANT TOUT LE MONDE

Tu n'oses pas te déshabiller car on pourrait voir tes bourrelets, ta cellulite. On va te dévisager.

Le sport, c'est pour soi. Tout le monde y est bienveillant, personne ne se dévisage dans les vestiaires. Et même si c'était le cas, plus tu seras naturelle, moins on te remarquera. ☺

5. DISCUTER AVEC LES MECS POUR UTILISER LA MACHINE SUR LAQUELLE ILS S'ENTRAÎNENT

Tu n'oses pas les déranger de peur de recevoir des réflexions. Tu es impressionnée.

C'est ce qu'on appelle « tourner sur la même machine ». L'un fait une série pendant que l'autre fait une pause. Les hommes sont habitués à partager les machines, et contrairement aux idées reçues, ils ne mordent pas !

PEUR vs MOTIVATION

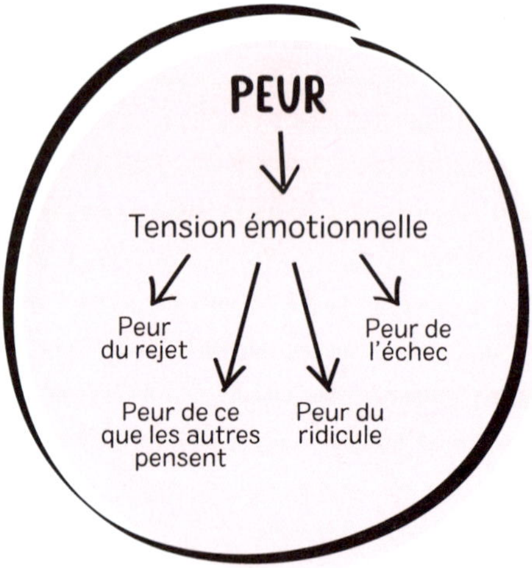

La peur te fige et te pousse à l'inaction. C'est une voix qui s'entête tant que tu ne l'as pas entendue.

LISTE ICI TES PEURS.

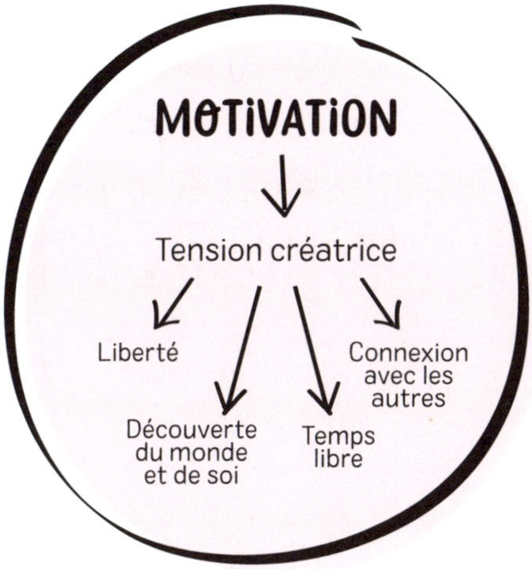

La motivation te pousse à agir. Elle est source d'adrénaline et peut devenir addictive. Dans le mouvement, tu te recharges d'énergie et de bonnes ondes. **Alors go !**

LISTE ICI CE QUI TE MOTIVE.

....

....

....

....

....

....

Peur ou motivation ? Le résultat d'une action entreprise ou d'une parole prononcée est toujours incertain. Si tu laisses la peur te guider, tu te forces. Au contraire, si tu agis par motivation, il y a une notion de plaisir !

QUAND LA PEUR D'ÉCHOUER DEVIENT MOINS IMPORTANTE QUE LA PEUR DE REGRETTER, TU PASSES À L'ACTION.

CHOISIS
DE VIVRE
TA VIE
À FOND.

ACCEPTER *VS* RENONCER

« Quand j'ai décidé de m'accepter et de m'aimer sans me dire que ça n'arriverait qu'une fois que j'aurais perdu mes kilos, j'ai résisté. J'avais cette envie de perdre mes kilos émotionnels que j'avais accumulés pour de mauvaises raisons. Mais j'avais peur. Peur de m'accepter telle que j'étais devenue et de rester coincée dans ce corps que je n'aimais pas. Pour moi, à cette époque, accepter mes kilos rimait avec renoncer à perdre du poids. Ce n'était pas possible.

En plus d'avoir un corps que je n'aimais pas, j'étais indécise quant au chemin à suivre. Si je commençais à m'aimer avec mes kilos, je ne les perdrais jamais… Cette indécision me rendait folle : je voulais tantôt renoncer, tantôt m'accepter ainsi.

Un matin, je me suis regardée dans le miroir et je me suis dit : "Et si je m'acceptais tout au long de ce chemin ? Et si s'accepter ne voulait pas forcément dire renoncer à ce qu'on veut ?"

J'ai pris une grande inspiration (et des mouchoirs) et je me suis lancée. En découvrant cette nouvelle perspective, j'ai compris qu'un objectif peut s'atteindre en douceur et avec bienveillance. J'ai commencé le travail d'acceptation alors que je faisais mon poids le plus élevé et j'ai accompagné mon corps dans son évolution. **Accepter pour ne pas renoncer**, c'est ce que j'ai retenu de ce déclic. »

ACCEPTER VS BOUGER

On a tendance à croire qu'accepter et bouger sont contradictoires ou opposés. Qu'en s'acceptant telle que l'on est, on n'a plus besoin de bouger. Que bouger est, consciemment ou non, synonyme de non-acceptation de son corps tel qu'il est, et que c'est d'ailleurs pour cela qu'on le « bouge ». Car bouger n'aurait que pour but la perte de poids.

Beaucoup d'entre nous ont intégré cette idée car les médias, le marketing et la société en général nous l'ont inculquée. Le slogan « Manger Bouger » est d'ailleurs en partie responsable de cette croyance.

POURTANT, NE PEUT-ON PAS S'ACCEPTER ET BOUGER EN MÊME TEMPS ?

N'oppose plus l'acceptation de soi avec le fait de bouger. Bouger est un plaisir, tu dois le faire pour toi, pour être bien dans ta peau, dans ton esprit et dans ton corps. Si tu bouges pour te punir, tu vas à l'encontre de ton corps.

Définis les raisons pour lesquelles tu veux t'accepter et celles pour lesquelles tu veux bouger. Toutes devraient être en faveur de ton bien-être et de ton bonheur ! (Et non pas pour « rattraper » cette barre de chocolat mangée au goûter !)

CHRONIQUE D'UNE RÉFLEXION INUTILE

Le cours de sport est à 18 h 30.
Il est 18 h 29 et je viens d'arriver à la salle de sport.

18 h 29 : Le cours commence dans une minute. Il sera 18 h 35 quand j'aurai fini de me changer. Je vais être en retard.

18 h 31 : J'ai quand même vraiment envie d'aller à ce cours.

18 h 35 : Je vais me faire discrète !

18 h 36 : Allez, j'y vais ! Oui, mais je n'ai pas envie de me retrouver devant…

18 h 38 : Bon au moins, je serai au cours !

18 h 40 : Laisse tomber, il est trop tard maintenant…

18 h 42 : Ok, je n'y vais pas. Mais je vais au moins faire des machines.

18 h 50 : J'avais vraiment envie d'y aller, en fait !

18 h 55 : Voilà, j'ai perdu trop de temps à réfléchir.

19 h : Il vaut mieux que je rentre, vu que je ne suis bonne à rien…

Le « Oui, mais » te fait perdre ton temps et ton énergie.

Dans ce type de situation, 30 minutes se sont écoulées pour rien, et tu as l'impression d'avoir perdu toute une vie (toujours dans la nuance, n'oublie pas !).

**FAIS CE QUE TU AS ENVIE DE FAIRE !
TU AURAS TOUT LE TEMPS DE RÉFLÉCHIR APRÈS !**

À ce stade, as-tu les idées plus claires ? Sais-tu à peu près où tu en es ?

Une fois que tu sais pour quelles raisons tu fais du sport, tout devient plus agréable. Les peurs n'ont plus autant d'impact sur toi, et tu sais les transformer en motivation. Utilise ce pouvoir à chaque instant !

FAIS DU SPORT POUR LES BONNES RAISONS

Je fais du sport tout en respectant mon corps.

OUI.

OUI, MAIS je veux aussi perdre quelques kilos, avoir des abdos, être tonique et perdre ma cellulite.

Finalement, j'accepte mon corps tel qu'il est.

Je travaille pour atteindre mon objectif.

OUI, MAIS j'aime aussi manger.

Je mange équilibré, sans excès mais sans privation non plus.

Je ne culpabilise pas et je fais du sport pour ma santé.

Dès que je mange trop, je culpabilise.

Je me venge sur le sport et je mélange calories et punition.

Je fais trop de sport.

Je perds du poids.

Les gens le remarquent et me complimentent.

Je me fais un petit plaisir pour me récompenser.

Je reprends du poids.

FAIS DU SPORT POUR TOI, TON CORPS TE REMERCIERA

« J'ai essuyé tellement de "Mais comment est-ce possible que tu ne maigrisses pas avec tout le sport que tu fais ?" que j'aurais pu en vouloir à mon corps de ne pas maigrir. Mais comme je sais pourquoi je fais du sport (pour être en bonne santé et m'amuser), je n'ai plus de souci à rejeter ces remarques et ces croyances limitantes. Tout simplement parce que je n'y crois pas. »

Sors de ce schéma destructeur qui te pousse à manger sain les jours où tu vas au sport pour ne pas gâcher ses effets.

C'est un gros changement, je sais. Mais aujourd'hui commence une nouvelle ère !

FINI L'ÉPOQUE OÙ LE SPORT N'AVAIT QUE POUR BUT DE TE FAIRE MAIGRIR !

TE CONNAÎTRE DAVANTAGE TE RENDS CONSCIENTE, ET DONC BEAUCOUP PLUS FORTE !

L'ÉTAT DES LIEUX ÉTANT FAIT,
ON S'ATTAQUE MAINTENANT
AUX ÉMOTIONS. ☺

LAISSER CIRCULER SES ÉMOTIONS

Cette partie est celle qui va te demander le plus d'attention. Elle est très importante dans la compréhension du fonctionnement de chacun et dans l'acceptation de soi.

Parler d'émotions peut être compliqué. Chacun a son propre avis. Je souhaite partager avec toi MA vision des choses. Pour cela, je t'invite à :

- arrêter ta lecture dès que tu ressens le besoin de réfléchir ou de digérer l'information ;
- lire et relire cette partie pour bien t'imprégner des notions ;
- t'interroger sur ce que tu viens de lire ;
- surligner, gribouiller, recopier les mots ou les passages qui peuvent te faire du bien ;
- définir tes propres émotions. ☺

Ici, je propose et tu disposes !

Il est important de comprendre comment fonctionne une émotion et comment tu vis avec.

CETTE PARTIE T'INVITE À OBSERVER TES ÉMOTIONS.

Pour commencer, réfléchis à ce que t'évoquent les émotions. Comment exprimes-tu tes émotions ? T'a-t-on déjà dit des phrases comme celles listées ci-dessous ?

« TU ES TROP ÉMOTIVE »

« TU TE LAISSES SUBMERGER PAR TES ÉMOTIONS »

« TU NE SAIS PAS GÉRER TES ÉMOTIONS »

« TU AS LA LARME FACILE »

« UN RIEN T'ÉNERVE »

« TU AS UN CŒUR DE PIERRE »

Que dit-on de toi au sujet de tes émotions ?

....

....

....

....

....

....

IDÉES REÇUES

« Les émotions, c'est pour les sensibles, pas pour moi. »

« Exprimer ses émotions, c'est dire tout ce qu'on pense. »

« Si je laisse mes émotions circuler, je vais passer mes journées à pleurer. »

« Les émotions, ça se contrôle. »

« Les émotions sont inutiles, je ne ressens rien. »

Quelles sont tes idées reçues sur les émotions ?

Je t'invite à les noter ici ! ☺

C'EST PARCE QU'ON NE S'INTÉRESSE PAS
À NOS ÉMOTIONS QU'ELLES NOUS FONT PEUR,
QU'ELLES NOUS ENVAHISSENT.

C'EST PARCE QU'ON CROIT POUVOIR
LES CONTRÔLER QU'AU FINAL
ON NE GÈRE RIEN DU TOUT.

C'EST PARCE QU'ON RELIE LES ÉMOTIONS
AU LAISSER-ALLER QU'ON N'A PAS ENVIE
DE LÂCHER PRISE.

C'EST PARCE QU'ON NOUS A APPRIS
DEPUIS L'ENFANCE À NE PAS PLEURER
QU'ON SE RETIENT AUJOURD'HUI.

C'EST PARCE QU'ON SE JUGE EN PERMANENCE
SUR CE QU'ON RESSENT QU'ON N'AVANCE PAS.

C'EST PARCE QU'ON N'A JAMAIS OBSERVÉ
NOS ÉMOTIONS QU'ON A DU MAL AUJOURD'HUI
À LES NOMMER ET LES COMPRENDRE.

DANS LA VIE, ON GÈRE UN BUDGET,
UN CONFLIT, UN PROJET, UNE ÉQUIPE.
MAIS PAS UNE ÉMOTION.

UNE ÉMOTION
NE DOIT PAS
ÊTRE GÉRÉE,
ELLE DOIT
CIRCULER.

OBSERVER UNE PENSÉE, C'EST LA DÉSACTIVER.

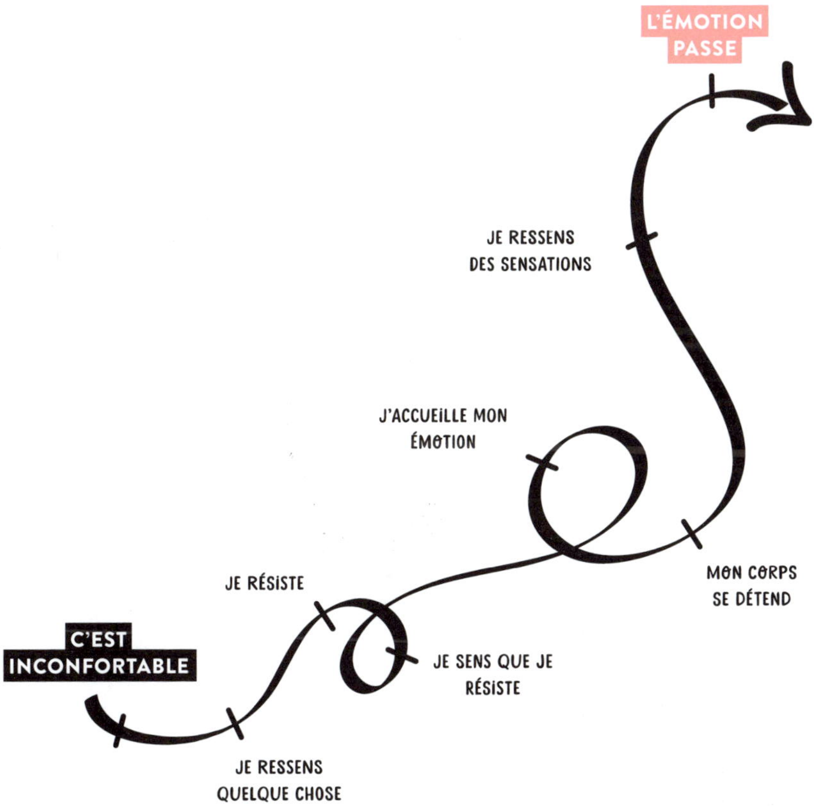

ÉMOTION OU INFORMATION ?

Les émotions font partie des informations que tu reçois, et comme toute information, tu peux en faire ce que tu veux. ☺

Pour certains, parler d'émotions est négatif. Cela peut être impressionnant car parfois les émotions sont incontrôlables ou incompréhensibles.

Bonne nouvelle : il n'existe pas de mode d'emploi ! Chacun fait comme il veut, comme il le sent. La seule condition est de ne pas chercher à contrôler ses émotions.

UNE ÉMOTION EST COMME UN ÊTRE LIBRE. ELLE NE DOIT PAS ÊTRE RETENUE, ATTACHÉE OU ENFERMÉE.

Si les émotions te semblent complètement étrangères, repense à toutes les fois où tu t'es dit :

« J'AI UNE BOULE AU VENTRE »

« J'AI LA GORGE SERRÉE »

« J'EN AI GROS SUR LE CŒUR »

« ÇA ME MET DU BAUME AU CŒUR »

« J'AI LE CŒUR LÉGER »

Tu utilises ce type d'expressions sans même savoir que tu parles de tes émotions !

UNE ÉMOTION EST UNE INFORMATION.
NI PLUS, NI MOINS.

CHRONIQUE D'UNE ÉMOTION NIÉE

8 h : R.A.S., ma nuit a été bonne.

8 h 05 : Je me lève, mais je me sens triste. J'ai envie de pleurer. C'est louche.

Ça arrive. Une émotion ne prévient pas quand elle se déclenche.

8 h 20 : J'ai toujours envie de pleurer, c'est quand même très bizarre cette histoire. Je me demande s'il s'est passé quelque chose pour que je me sente aussi morose ce matin.

8 h 21 : Je cherche, je réfléchis...

8 h 25 : Je suis encore en train de chercher... Je ne vois pas.

8 h 40 : Je laisse couler, j'ai une journée de boulot qui m'attend quand même !

Pourquoi perdre du temps et de l'énergie à vouloir comprendre ce qu'on ne peut pas forcément expliquer sur le moment ?

10 h : Cette envie de pleurer ne me quitte pas. Cette journée n'a rien de particulier, mais je n'arrive pas à être joyeuse.

Pourquoi ne pas laisser circuler l'émotion ?
Que pourrait-il se passer ?

12 h 30 : Je déjeune avec mes collègues, eux aussi me trouvent bizarre. Je n'ai même pas d'explication à leur fournir !

On sent déjà de la culpabilité d'un côté et du jugement de l'autre. C'est un mauvais mélange !

16 h : Ma chef me fait une réflexion. Je n'ai qu'une envie : aller pleurer aux toilettes !

Les émotions réprimées te rendent de plus en plus vulnérable.

17 h : C'est quoi mon problème ? J'ai eu les larmes aux yeux sans raison trois fois aujourd'hui ! Vivement ce soir, que je rentre.

Plus tu réfrènes tes émotions, plus tu t'exposes à un risque d'implosion et d'explosion.

18 h : Qu'est-ce que j'ai envie de manger ce soir ? Je fais la liste pour me préparer mon plat préféré. Ça va me redonner la pêche !

19 h : Je vais faire des courses.

C'est une bonne diversion, à condition de ne pas compter seulement sur la nourriture pour soulager cette émotion. Il n'y pas de remède miracle, à part l'accepter et la vivre.

19 h 15 : Il n'y a plus l'ingrédient principal de ma recette. Je craque. C'est trop pour moi. Je pleure en plein milieu des rayons du supermarché.

Ce qui devait arriver arriva. À force de contenir tes émotions, tu ne peux plus rien contrôler.

21 h : Je me couche. Vidée. Épuisée. Comme si j'avais combattu... et perdu.

Voici ce qu'on appelle **« subir une émotion ».**

CHRONIQUE D'UNE ÉMOTION ACCEPTÉE

8 h : R.A.S., ma nuit a été bonne.

8 h 05 : Je me lève, mais je me sens triste. J'ai envie de pleurer. Je m'autoriserai à pleurer si jamais j'en ai besoin.

Lorsqu'on ressent une émotion, il faut l'accueillir sans juger et sans se questionner inutilement.

10 h : J'ai toujours envie de pleurer. J'accueille l'émotion sans me juger, sans me poser des millions de questions.

On gagne du temps et de l'énergie à ne pas se questionner toute la journée.

11 h : J'essaie de mettre un nom sur cette émotion. Puis je me demande si quelqu'un ou quelque chose aurait pu la déclencher.

Pour désactiver une émotion, la meilleure façon est de la nommer puis de se demander ce qui l'a déclenchée.

12 h 30 : Je ne cache pas mes émotions devant mes collègues. Je n'ai pas à me justifier non plus. Si besoin, je dis que je ne suis pas au top de ma forme.

Il faut rester vraie et authentique. Respecte ce que tu ressens, sans jugement.

16 h : J'ai toujours envie de pleurer. Comme je suis au travail, je demande à mes larmes de sortir une fois chez moi.

On ne peut pas toujours céder à ses émotions. Dans ce cas, on leur donne « rendez-vous ». Ainsi, on ne les réprime pas, on n'impose pas et on ne se retient pas !

18 h : Je quitte le travail.

19 h : Je pleure sous la douche, sans me dire que je suis ridicule.

C'est important de laisser circuler ton émotion. Une fois sortie, elle ne t'appartient plus.

21 h : Je m'interroge et je réflechis à l'origine de cette émotion. En prenant le temps, je trouve la raison. Je suis débarrassée de mes larmes. Je vais mieux et peux profiter de ma soirée.

C'est ce qui s'appelle bien laisser circuler son émotion. ☺

TRISTESSE VS FAIBLESSE

Nous entendons souvent que « pleurer, c'est pour les faibles ». Pourtant, c'est tout à fait naturel. Tout comme crier est une réponse à un sentiment de colère, pleurer fait écho à une tristesse.

Se retenir de pleurer nous demande beaucoup d'énergie. C'est tout à fait contre-productif dans la mesure où cette énergie n'est pas utilisée dans le but de faire circuler l'émotion mais de la contenir en nous, et donc d'en gaspiller davantage.

DEVOIR VS ENVIE

T'es-tu déjà dit des phrases comme : « Il faut que j'arrête de fumer », « Il faut que j'aille au sport », « Il faut que je dorme plus » ?

Toutes ces phrases formulent des devoirs que tu t'imposes à toi-même. Ces devoirs sont contraignants et repoussants. D'où les échecs réguliers.

Si tu remplaces ces devoirs par l'envie et que tu passes de « Il faut » à « J'ai envie », le message que tu t'adresses n'est pas du tout le même. L'envie est motivante, positive et valorisante. Tu choisis de faire quelque chose pour toi, pour ton bien et pour ton plaisir.

LES 5 BONNES RAISONS D'ACCEPTER SES ÉMOTIONS

1. GAGNER DU TEMPS

Tu gagnes un temps fou à ne pas te poser un millier de questions sur ce que tu ressens et pourquoi tu le ressens.

Tu ne décortiques plus les moindres pensées qui te traversent l'esprit et tu ne cherches plus des stratégies pour que personne ne puisse lire en toi.

2. CONSERVER DE L'ÉNERGIE

Tu ne t'épuises plus à réfléchir sans trouver de réponse, à jouer la comédie et à lutter contre toi-même.

Tu gardes ton énergie pour des choses qui sont constructives.

3. EN APPRENDRE DAVANTAGE SUR SOI

Si tu comprends ce qui déclenche une émotion en toi, tu as une vision plus éclairée de ton propre fonctionnement.

Cela peut également te permettre d'éviter les éléments déclencheurs (personne, lieu, objet, situation…).

4. SE LIBÉRER

Le fait de ne pas chercher à réprimer, gérer ou contrôler ton émotion te permet de l'accepter, de la laisser vivre et circuler en toi. Elle vient puis quitte ton corps. Tu ne luttes pas contre elle, donc tu ne la retiens pas en toi. Tu es libéréééе, délivréééе (c'était facile !).

5. ARRÊTER DE SE JUGER

Ne plus te poser mille questions te permet de ne pas perdre ton temps et ton énergie. Tu en as fini avec la culpabilité et le jugement. Tu ne te trouves plus pathétique de pleurer ainsi ou d'être en colère pour si peu !

NE LAISSE PAS LE MENTAL PRENDRE LE RELAIS D'UNE ÉMOTION.

QUAND TU T'INTERROGES SUR LA RAISON
D'UNE ÉMOTION, TU L'EMPRISONNES EN TOI.
L'ÉMOTION EST DÉJÀ LÀ, IL EST DONC
TROP TARD POUR LA CONTRÔLER.
MIEUX VAUT LA LAISSER VIVRE ET PARTIR !

LA CULPABILITÉ

LA CULPABILITÉ RENVOIE À UNE NOTION DE FAUTE.

Nous ne sommes pas parfaits, nous commettons tous des fautes. Et quand il s'agit de culpabiliser, nous sommes très très forts ! Ce sentiment nous enlise dans le passé, nous enfonce dans nos erreurs et nous empêche d'y voir clair. Nous remettons en question notre personne, notre histoire, notre capacité à être. Nous avons même tendance à réduire toute notre existence à ce simple problème :

« J'ai commis une erreur. Je suis une mauvaise personne. Je cause énormément de dégâts. »

Ce jugement négatif sur soi est nocif et non constructif. La culpabilité est un sentiment peu utile puisque :

- de toute façon, le mal est fait ;
- nous apprenons de nos erreurs ;
- on a tous le droit à l'erreur.

« Adolescente, je culpabilisais de tout. Tout était toujours ma faute car je faisais les mauvais choix, je n'étais pas assez forte et souvent pas assez intelligente (enfin pas assez pour faire les bons choix).

Je me suis enfermée dans un cercle vicieux que beaucoup connaissent : celui de la nourriture, de l'excès de nourriture. Pour moi, la nourriture était à la fois la cause du problème et sa solution.

C'est simple : je culpabilisais de ne pas être normale, de ne pas ressembler aux autres, de ne pas avoir les mêmes cheveux que les autres, d'être ronde, de réfléchir autrement, etc. Je culpabilisais, donc je mangeais. Et plus je mangeais, plus je culpabilisais de manger.

Avec du recul, je me dis que j'étais trop jeune pour remettre les choses dans leur contexte ou prendre mes responsabilités.

Plus les années passaient, plus les raisons de culpabiliser s'accumulaient. Et plus elles s'accumulaient, plus je mangeais. Et plus je mangeais, plus je culpabilisais (#CercleVicieux).

Un jour, j'ai fait la liste de tout ce qui me faisait culpabiliser. Je me suis poussée à réaliser l'exercice des colonnes. Il y avait la colonne "Je ne peux rien y faire, c'est la vie, il faut l'accepter", dans laquelle j'ai placé les cheveux, la couleur de peau, la morphologie, la voix, le rire... Et il y avait la colonne "Ok, là il faut faire quelque chose" dans laquelle j'ai écrit le poids, les boutons, la cellulite, le manque de sport, les insultes envers moi-même, l'autodénigrement... Pour éviter de me sentir coupable, j'ai décidé de ne pas me voir comme le sujet de ces situations d'échec. Pour cela, je me suis demandé si je serais capable de pardonner à un ami qui aurait fait la même erreur que moi. Si la réponse était oui, alors je devais me pardonner également.

Cela a été très difficile pour moi. J'ai beaucoup cogité car je cherchais toujours des contre-arguments m'empêchant de me pardonner (sans doute un reste de mes études de droit !). Je persistais, mais j'ai fini à court d'arguments. J'ai alors été obligée de m'incliner et de me pardonner.

Aujourd'hui, cet exercice est devenu une habitude. Prendre mes responsabilités, avoir une attitude intelligente et me pardonner m'ont vraiment aidée à me débarrasser de la culpabilité qui affectait tous les domaines de ma vie. »

D'après moi, deux outils permettent de se libérer de la culpabilité :

1. PRENDRE SES RESPONSABILITÉS

En assumant les conséquences de tes erreurs, tu les remets dans leur contexte. En étant responsable de tes actes, tu peux les utiliser comme moyen de reconnaissance, comme des balises virtuelles qui te guident vers d'autres chemins. Cela te permet de réfléchir à une manière d'agir différemment, qui te convient davantage. Tu pourras ainsi identifier ce qui est bon pour toi et ce qui est en phase avec tes valeurs.

2. SE DEMANDER PARDON

Comme tu pardonnerais à un ami, apprends à te pardonner toi-même.

Le pardon est la forme la plus pure et la plus puissante d'amour. S'il est possible de pardonner à quelqu'un, se pardonner est donc à la portée de tous. C'est un choix pour avancer en paix.

Puisque culpabiliser est immobilisant et contre-productif, autant te pardonner et avancer. ☺

ET TOI, QUELLES SONT LES CAUSES DE TA CULPABILITÉ ?

FAIS TA LISTE ICI.

....

....

....

....

....

....

....

....

....

....

....

....

....

....

....

....

LES 5 OPTIONS FACE À UNE PENSÉE NÉGATIVE

Classement de la meilleure à la pire des solutions.

1. L'OBSERVER

Il faut considérer cette pensée comme un corps étranger, un objet non identifié. Pour cela, il faut l'observer sans essayer de la comprendre, en restant le plus neutre possible.

L'avantage : ne pas laisser cette pensée nous envahir.
Le risque : passer à côté du message important.
Conseil : coupler les solutions 1 et 2 pour un meilleur résultat.

2. LA VÉRIFIER

Il faut questionner cette pensée (est-ce la vérité ?), la remettre dans son contexte et vérifier si les faits sont réels.

L'avantage : rester ancrée dans la réalité.
Le risque : que cette pensée soit fondée.
Conseil : être consciente qu'en se posant la question, on s'expose à ce que cette pensée soit peut-être vraie.

3. L'IGNORER

Faire comme si cette pensée n'existait pas ne te rend pas service. Pourquoi l'ignorer ? Par peur ? Par manque de temps ? Par manque d'envie ? Aucune de ces raisons n'est valable car elles poussent au déni.

L'avantage : vivre sa journée comme si de rien n'était.
Le risque : que cette pensée revienne.
Conseil : ne pas ignorer et ne pas avoir peur de ses pensées négatives.

4. L'AMPLIFIER

Si tu es convaincue par cette pensée sans l'avoir vérifiée, elle risque alors de te submerger, de t'envahir. De là naissent d'autres pensées négatives qui vont alimenter la première, et il est difficile de se sortir de ce cercle vicieux.

L'avantage : aucun !
Le risque : se retrouver à devoir gérer plusieurs pensées négatives à la fois.
Conseil : observer et vérifier ses pensées négatives pour éviter tout débordement.

5. LA DÉMENTIR

Cela consiste à réfuter et nier tout en bloc.

L'avantage : aucun !
Le risque : à court terme, la pensée négative n'existe plus. Néanmoins, elle reviendra de plus belle et bien plus forte que la première fois.
Conseil : mieux vaut traiter une pensée négative dès qu'elle se présente pour éviter de les accumuler.

DÉDRAMATISER LE FAIT D'AVOIR PEUR

RAPPELLE-TOI QU'OBSERVER UNE ÉMOTION, C'EST LA DÉSACTIVER. DISCUTER AVEC SA PEUR, C'EST LA DÉSAMORCER.

« J'ai développé au fil des années un rapport particulier avec la peur. Petite puis adulte, on m'a rabâché qu'il faut dépasser ses peurs, combattre sa peur, vaincre sa peur...

Ce vocabulaire guerrier ne m'inspirait pas confiance. Cela me demandait beaucoup plus d'énergie de combattre que d'observer. »

Avoir peur est naturel et primaire. Ce sentiment nous prévient du danger. Ce n'est donc pas le sentiment qui est le plus problématique.

Au-delà des situations à risque, ce qui est le plus dommageable avec la peur, ce sont les actions qui en découlent. Nous avons tendance à nous interdire ce qui nous fait peur, ce qui nous est inconnu. On ne se sent plus capable de faire quoi que ce soit dès que le sentiment de peur se manifeste.

La peur est un sentiment unique et assez compliqué quand on n'arrive pas à la « gérer ». C'est un voile qui se pose devant nos yeux et qui déforme la réalité. On perd alors tous nos repères et notre stabilité.

« J'avais par exemple peur de me mettre en maillot de bain. Cette peur était très invasive, très présente en moi. J'avais peur qu'on me voie en maillot, qu'on m'insulte, qu'on m'interdise l'accès au bassin, et pire, qu'on me demande de sortir de l'eau car me voir serait insupportable pour les autres. Tout cela n'était que pure invention de ma part... Pourtant, pendant des années, j'ai eu mal au ventre à l'idée de devoir franchir les quelques mètres qui me séparaient du bassin. »

Toutes ces questions m'ont habitée pendant longtemps. Si bien qu'un jour je me suis assise, et je me les suis posées une par une. J'ai décortiqué chacune d'entre elles pour y trouver une réponse et me délester de ce poids.

Le sentiment de peur est devenu pour moi un conseil que je choisis d'entendre mais pas toujours d'écouter. Désormais, je mets de la bienveillance et de l'écoute là où j'étais dans la résistance, la force et le combat. **Je veux me permettre de vivre librement**, sans peur freinante (et de nager sans être tout habillée !).

Combien de moments de vie as-tu ratés parce que tu avais peur ? Qu'est-ce que tu n'as jamais dit ou fait parce que tu avais peur ?

Fais la liste de ce que tu n'as jamais dit ou fait parce que tu avais peur (et ce que tu diras et feras après avoir lu ce livre !)

L'INTUITION ET LES 5 ERREURS QUI NOUS EN DÉCONNECTENT

Après t'être trompée, t'es-tu déjà dit : « J'aurais dû m'écouter » ? Ça, c'est l'intuition. ☺

1. PRÉFÉRER CROIRE LES AUTRES

Il est souvent plus facile de croire que l'intuition des autres est la bonne, surtout s'ils ont l'air très sûrs d'eux. Mais pourquoi es-tu convaincue que l'intuition d'autrui est plus juste que la tienne ?

L'intuition est unique et propre à chacun. Si l'intuition de ton amie lui dit d'agir ainsi, c'est peut-être juste pour elle, mais pas pour toi. **Crois en toi, en ta voix et en ton corps. Ce sera toujours juste et bon.**

2. S'APPUYER SUR DES SIGNES EXTÉRIEURS

Les signes n'existent pas. Tout ce que tu considères comme un signe est une manifestation de ton cerveau. Cette manifestation vient en réalité de toi, de ta voix intérieure, et non d'un signe extérieur.

3. NE PAS ÉCOUTER SA VOIX INTÉRIEURE

En ne te fiant pas à ton intuition, tu prends l'habitude de ne pas écouter ta voix intérieure, voire de la juger : « C'est ridicule », « Ce n'est pas possible », « C'est fou de penser cela »... Ce jugement, tu te l'appliques également à toi-même, parce que cette voix intérieure est ton reflet. Et je peux t'assurer que tu ne mérites pas de te juger. D'autant plus qu'en agissant ainsi, tu prends le risque qu'un jour ton intuition te fasse faux bond !

4. FAIRE SEMBLANT DE NE PAS AVOIR ENTENDU

Pire encore que de ne pas croire ton intuition, tu choisis de l'ignorer. Imagine que ton intuition est un être en toi qui te parle et te conseille mais que tu ignores sans cesse. En refusant de l'écouter, tu prends le risque que ton intuition se taise à jamais.

5. REGRETTER DE NE PAS S'ÊTRE ÉCOUTÉE

C'est souvent le cas lorsque tu confrontes ton intuition avec celle d'autrui. Ayant peu confiance en toi et en ton intuition, tu écoutes l'autre et tu finis déçue. T'es-tu déjà dit : « Je le savais, j'aurai dû m'écouter » ? **Alors vas-y !**

L'INTUITION EST CETTE PETITE VOIX INTÉRIEURE QUI SAIT EXACTEMENT QUOI FAIRE AU MOMENT OÙ ON LUI DEMANDE. L'INTUITION, CE N'EST PAS UN ÊTRE DEVIN ! C'EST SIMPLEMENT UNE VOIX EN TOI QUI T'INDIQUE CE QU'IL Y A DE MEILLEUR POUR TOI, À L'INSTANT PRÉSENT.

COMPRENDRE ET RESSENTIR POUR ÊTRE LIBRE.

CETTE PARTIE T'A PEUT-ÊTRE SEMBLÉ DIFFICILE À LIRE. N'HÉSITE PAS À LA RELIRE, LA QUESTIONNER, TE QUESTIONNER. LES ÉMOTIONS VIVENT AVEC TOI, ALORS LA RELATION QUE TU ENTRETIENS AVEC ELLES PEUT CHANGER TA VIE. LORSQUE TU RESSENS DES ÉMOTIONS NÉGATIVES, NE TE JUGE PAS MAIS INTERROGE-LES DE MANIÈRE CONSTRUCTIVE.
SOIS CONSCIENTE DE CE QUE TU RESSENS.

RÉCONCILIATION DU CORPS ET DE L'ESPRIT

JE SUIS

MA

PREMIÈRE

FAN.

« Quand j'ai commencé à avoir confiance en moi, j'ai tout fait en même temps. J'ai travaillé le physique et le mental à la fois. J'étais constamment épuisée et toujours dans l'action pour me pousser à avancer ! Je continuais à me juger en me disant que j'étais folle, extrême, impatiente, que je pouvais aussi prendre le temps de faire cette transformation tranquillement. Alors j'ai ralenti. J'ai segmenté le travail sur le corps et le travail sur l'esprit. J'ai moins réfléchi.

Puis je me suis rendu compte que cela ne fonctionnait plus. Je recommençais à me déconnecter de moi-même. Parce qu'il est nécessaire de faire ce changement à la fois sur le corps et sur l'esprit, comme une équipe qui se soutient et s'encourage. »

Dans cette partie, nous allons expérimenter. Tu as désormais compris comment fonctionnent tes émotions. Nous allons maintenant revoir certaines bases essentielles. Pour illustrer tout cela, je vais ajouter des anecdotes. Elles seront des exemples de situations loufoques. Oui, tu sais, ces situations que l'on crée et qui finissent toujours par nous faire rire après coup ! ☺

TA PROPRE RÉVOLUTION EST AUJOURD'HUI, PAS « UN JOUR » !

S'AIMER VS ÊTRE PRÉTENTIEUX

La différence se situe dans le rapport aux autres. Une personne qui s'aime va le faire en silence, c'est presque un secret qu'elle partage avec elle-même. Elle n'a pas besoin de l'afficher en public pour prouver que c'est réel.

L'amour de soi est primordial lorsqu'il est sain. Il induit le respect de soi et des autres. Les relations avec le monde extérieur sont alors plus sensées. Je cultive cet amour où que j'aille et quoi que je fasse car la source de mon amour est en moi. Je n'ai pas besoin des autres pour vivre.

En revanche, quelqu'un de prétentieux va montrer son amour pour lui par besoin d'écraser les autres ou pour se sentir supérieur. Il est sans cesse à la recherche de l'approbation d'autrui. Il est en quête d'attention et cherche chez les autres l'amour qu'il devrait se donner. Il est donc probablement vide d'amour pour lui.

S'occuper de toi n'est pas égoïste, mais un geste sain qui te profite et profite aux autres. En effet, si tu arrives à prendre soin de toi, tu es aussi capable de prendre soin des autres. Un équilibre se crée entre ce que tu donnes aux autres et ce que tu te donnes à toi-même.

S'AIMER, C'EST AVANT TOUT SE RESPECTER.

L'expérimentation est la partie la plus excitante du travail sur soi. C'est le moment où tu tentes. Parfois, tu échoues et tu recommences. Tu te découvres, te comprends. Tu te donnes des défis, t'interroges et te remets en question… Tout cela dans le but de rencontrer le nouveau toi, cette personne qui s'aime telle qu'elle est, sans condition.

CHRONIQUE D'UN MANQUE DE CONFIANCE EN SOI

8 h (chez moi) : Allez, je tente, sinon je ne mettrai jamais mon nouveau rouge à lèvres !

9 h (arrivée au travail) : Tout le monde me regarde. Ils aiment ? Ils trouvent ça moche ? Est-ce que quelqu'un me fera une réflexion ?

12 h : Punaise, si je mange, je vais m'en mettre partout. Je vais devoir aller en remettre, vérifier que je n'en ai pas sur les dents…
J'ai deux options : je saute un repas ou je mange liquide.

16 h : J'ai déjà fait 5 retouches. À chaque fois, on me dévisage… Ce serait sympa que quelqu'un abrège mes souffrances et me dise que c'est moche !

19 h (de retour chez moi) : Je ne remettrai plus jamais ce truc !

Bilan de la journée :

78 ALLERS-RETOURS AUX TOILETTES

92 QUESTIONS RESTÉES SANS RÉPONSE

156 HÉSITATIONS À EN FINIR AVEC CE CARNAGE ET ENLEVER LE ROUGE À LÈVRES

212 MINUTES PASSÉES À PENSER À CE ROUGE À LÈVRES AU LIEU DE TRAVAILLER

Ici, le problème n'est pas le rouge à lèvres, mais le fait de donner autant d'importance au regard des autres, à leurs réactions ou leurs silences.

Pire encore, attendre leur validation revient à s'exposer à une remise en question basée sur un avis extérieur !

CONSEIL 1 : Quand tu te poses des questions, rappelle-toi que tu as aimé mettre ce rouge à lèvres. L'avis qui compte le plus est le tien ! ☺

CONSEIL 2 : Si tu ne peux toujours pas t'empêcher de te poser des questions, demande un avis plutôt que de te torturer avec des suppositions : au moins, tu seras fixée !

LE DOUTE TE FAIT TOURNER EN ROND,
LA RÉFLEXION TE FAIT GRANDIR.

CONFIANCE EN SOI, AMOUR DE SOI ET IMAGE DE SOI

Ces trois notions sont liées. Ensemble, elles forment l'estime de soi. En effet, il est difficile d'avoir confiance en soi si on ne s'aime pas, et il est difficile d'avoir une bonne image de soi si on n'a pas confiance en soi.

La confiance en soi, c'est cette force qui nous permet d'être sûrs que nous sommes capables de faire face à tout. Quoi qu'il puisse advenir, on sait que l'on pourra s'adapter à la situation. C'est aussi savoir qu'on a les connaissances, les capacités, l'expérience ou même l'intuition pour comprendre le monde et avancer sereinement sur notre chemin.

L'amour de soi, c'est l'amour que l'on se porte. C'est un amour inconditionnel : on s'aime avec nos qualités et nos défauts, maintenant et plus tard, avec ou sans nos kilos en trop.

L'image de soi, c'est le regard que tu as sur toi-même. Te vois-tu réellement telle que tu es ? Te regardes-tu dans les yeux ? Connais-tu ton corps dans ses moindres détails ?

COMMENT SAVOIR SI ON MANQUE DE CONFIANCE EN SOI ?

« Je vivais tellement dans le déni de qui j'étais que je prenais mal tout ce qu'on me disait. Je me vexais à la moindre phrase concernant mon physique, même s'il ne s'agissait pas de réflexion. Avec le recul, je comprends qu'on ne m'attaquait pas, que les personnes, que je connaissais ou non, avaient probablement raison. Au lieu de réfléchir à la véracité des propos des autres, je gaspilllais mon énergie à bouder (ma spécialité !). »

T'arrive-t-il de penser que :

- tu es nulle et tu n'y arriveras jamais ?
- tu n'en vaux pas la peine ?
- tu ne mérites pas qu'on t'aime ?
- quand il t'arrive quelque chose de bien, c'est par chance et non par mérite ?
- tu n'es pas intéressante ?
- tout le monde est, agit ou pense mieux que toi ?
- tu es différente et c'est mal ?
- les gens ne voient que tes défauts ?

SI TU RESSENS TOUT CELA, NE T'INQUIÈTE PAS : J'ÉTAIS PAREILLE ET ON PEUT S'EN SORTIR ! ☺

La confiance en soi est un état d'être, un ressenti. Si tu as confiance en toi, tu le sais. Tu ne penses pas pour autant que tu es la meilleure ou que tu ne connais pas l'échec. En revanche, tu sais que si tu tombes, tu auras les ressources nécessaires pour te relever. Tu es lucide, responsable de toi et consciente que tu es faite d'ombre et de lumière.

LES 5 SENS POUR ACTIVER LA CONFIANCE EN SOI

Ici, nous n'allons pas parler des 5 sens classiques, mais des sens qui constituent les outils dont tu as besoin pour avoir confiance en toi :

- la vue ;
- le toucher ;
- la parole (reliée à l'ouïe) ;
- le dialogue avec toi-même ;
- la logique.

Tous ces sens sont déjà présents et ancrés en toi. Certains sont évidents, d'autres moins. Ensemble, nous allons essayer de mettre en lumière ces sens que l'on a tendance à occulter et sous-estimer.

Désormais, nous allons passer à l'action. Pour cela, je vais te pousser à expérimenter tes sens afin de créer un feu d'artifice en toi ! **En activant tous tes sens, tu mets toutes les chances de ton côté pour créer de la vie dans ton corps.** Oui oui, tu m'as bien entendue, de la vie ! Car un corps que tu n'actives pas est un corps que tu subis, dont tu as peur.

Pour activer tes sens, tu dois apprendre à les manier, comprendre leur pouvoir et savoir quand les utiliser. Ils fonctionnent ensemble, comme une équipe de foot où chacun a son poste. Ils se complètent et s'entraident.

« Plus jeune, je me détestais et je n'avais pas conscience que mettre de côté mes sens, mes sentiments et mes pensées ne m'aidait pas.

Je ne me regardais pas, j'évitais mon regard. Le miroir était mon ennemi. Je ne touchais pas mon corps, ou seulement pour le pincer, le griffer ou le taper. Je ne lui parlais jamais, sauf pour l'insulter. J'avais des pensées négatives à son égard et je n'étais pas cohérente envers lui.

L'année de mes 25 ans, je suis montée sur une balance, ce que je n'avais pas fait depuis longtemps. J'ai découvert que mon poids dépassait les trois chiffres. Là, je me suis placée nue devant un miroir pour la première fois. Je me suis vu telle que j'étais. Je voulais comprendre comment mon corps avait évolué. J'ai touché mon corps, lui ai demandé pardon, et ai arrêté d'être méchante et incohérente avec lui. »

Je te souhaite sincèrement d'expérimenter la même révolution que moi. Parce que ne pas voir ou toucher son propre corps, refuser de lui parler, est la punition ultime que tu peux lui infliger.

De nos jours, nous avons tendance à demander beaucoup à notre corps sans lui rendre la pareille. Nous lui imposons des styles de vie drastiques en omettant d'en prendre soin.

Il ne te viendrait pas à l'esprit de demander 10 000 € à un voisin que tu ne connais pas et que tu ne salues jamais. Eh bien, avec ton corps c'est pareil : impossible d'attendre de lui des changements et des évolutions extrêmes sans en prendre soin, sans le connaître sur le bout des doigts ou le respecter.

Moi, je demandais à mon corps de perdre du poids, d'être plus ferme, plus souple... Je passais commande, un peu comme au restaurant : un peu plus d'abdos, un peu moins de fesses, des bras musclés, une taille fine.... Je pensais que, sous prétexte d'abriter ce corps que je détestais tant, j'avais le pouvoir et le droit de le contrôler. Je croyais vraiment qu'il m'obéirait.

Mais il a fait tout l'inverse : il s'est protégé de moi. Plus il me désobéissait, plus je lui en voulais. Plus je lui en voulais, plus je le punissais. Le cercle vicieux de l'autodestruction s'est mis en marche.

Le jour de ma mise à nu, je me suis fait de la peine. J'ai voulu m'aider. Je n'ai pas cherché à m'insulter, mais plutôt à me mettre face à mes responsabilités. Ce fut un électrochoc. Tout s'est mis en place. C'est à ce moment que j'ai compris que tous mes sens étaient interconnectés : le fait de me voir m'a donné envie de me parler, de m'excuser. Mes propres excuses ont généré en moi ce besoin de réconfort et de caresse, de tendresse.

IL Y A QUELQUE CHOSE DE RÉCONFORTANT QUAND ON SAIT QUE NOTRE PROPRE CORPS EST LÀ POUR NOUS, ET NON L'INVERSE.

Bien sûr, ceci est mon histoire. Elle ne ressemble à aucune autre (même si on a tendance à se croire banale quand il s'agit de ses complexes). Mais je crois que te partager ce que je pensais de moi et comment j'ai arrêté de me maltraiter peut t'aider à sortir de ce cercle vicieux à ton tour.

C'est à toi de te regarder et de t'aimer. Pour ton propre bien-être, découvre comment fonctionnent tes sens.

TON CORPS ENTEND TOUT CE QUE TES PENSÉES DiSENT.

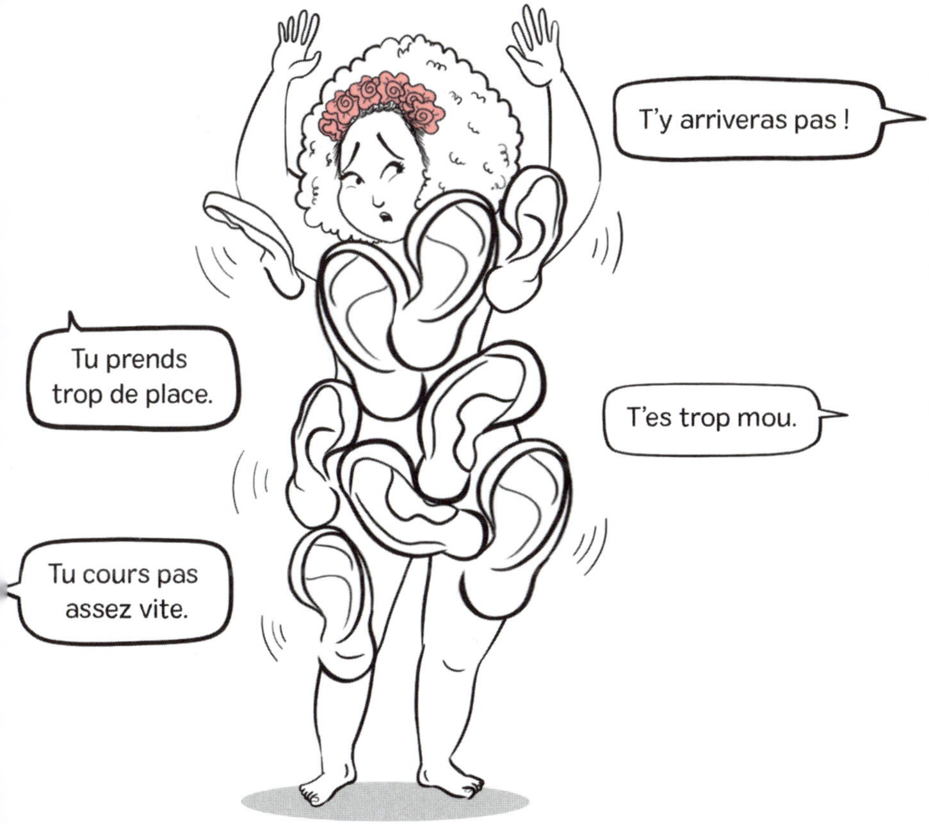
T'y arriveras pas !
Tu prends trop de place.
T'es trop mou.
Tu cours pas assez vite.

LA VUE

Si je te dis que tes yeux servent à voir, tu vas croire que je me moque de toi. Mais je t'assure que non ! Les yeux servent à se regarder, face à un miroir, nue ou habillée, de la tête aux pieds.

Ce regard est le plus dur à affronter et le plus facile à esquiver. Si tu le fuis, c'est que tu le redoutes et l'amplifies. Alors, petit à petit, le miroir devient ton pire ennemi. En le maudissant, tu cultives le déni de ton corps, de toi.

Le fait de se voir avec ses défauts n'est jamais agréable. On a parfois peur de découvrir un corps avec lequel on n'est pas connecté. Aujourd'hui, si tu te dénigres et que tu n'aimes pas ton corps à ce point, c'est par manque de confiance en toi. Si tu vois tes défauts, sans doute que les autres les voient aussi. Mais pas de manière aussi critique que toi. Quand tu croises une femme ronde dans la rue, penses-tu que son corps est horrible, laid et dégoûtant ? Non ! Bien sûr que non ! Et quand une personne avec les cheveux en pagaille ou de grands pieds est assise à côté de toi dans le métro, as-tu envie de changer de place tellement elle te dégoûte ? Évidemment que non ! Alors pourquoi transformes-tu ton regard sur toi à ce point ?

LE MIROIR ET MOI

« J'avais 25 ans le jour où je me suis regardée dans le miroir pour la première fois. J'habitais à Bruxelles pour mes études. J'avais un miroir sur pied dans ma chambre que j'évitais comme la peste.

Sans remettre la faute sur Bruxelles, ville que j'aime tant, j'avais pris énormément de poids (me nourrir de gaufres, frites et bières n'allait pas m'épargner…). J'avais dépassé la barre des 100 kilos sans m'en rendre compte. Un jour, au sport, je me suis pesée et j'ai réalisé que je m'étais laissé aller. Littéralement. Je ne m'étais pas regardée pendant longtemps et ne m'étais donc pas vue prendre tout ce poids.

Je suis rentrée chez moi, effondrée. Ma petite voix m'a dit : "Tu attends quoi, Lisa ? Il est temps, là !" Alors, je me suis déshabillée et je me suis mise nue devant le miroir. J'ai pleuré. Non pas parce que je n'aimais pas ce que je voyais, mais parce que j'étais triste de m'être laissé aller. D'avoir abandonné le navire et d'avoir arrêté de croire en moi.

Je me suis laissée pleurer et j'ai commencé à demander pardon à mon corps. À haute voix, je lui ai présenté mes excuses pour l'avoir malmené, gavé, puni, esquivé, oublié, caché. Pour l'avoir maltraité avec des gestes, des mots, des pensées… »

Sors de ce déni dans lequel tu t'es installée. Mets-toi devant un miroir et regarde-toi. Pose un regard bienveillant sur chacune des parties de ton corps, et plus encore sur celles qui te déplaisent. Ne sois pas stressée par cet exercice, mais plutôt soulagée. Aujourd'hui est un grand jour : c'est la fin des croyances négatives. Fini les simples regards d'autrui transformés dans ton esprit en insultes maléfiques ! Ne donne plus autant de pouvoir à ces croyances imaginaires. Le seul avis qui compte est le tien, et à partir de maintenant, il sera positif, bienveillant et aimant.

Pourquoi es-tu si bienveillante envers les autres, et si cruelle envers toi-même ?

FAIS CONFIANCE À TES YEUX PLUTÔT QU'À CEUX DES AUTRES.

IL Y A AUTANT DE REGARDS
QUE D'EMPREINTES DIGITALES.

L'IMPORTANCE DU REGARD

Nous voyons tous la même chose. Une voiture bleue est bleue pour tous ceux qui la voient. Ce qui diffère d'une personne à l'autre, c'est son ressenti, son avis concernant cette voiture. Certains vont la trouver belle et d'autres moche, certains voudront avoir la même et d'autres s'en ficheront.

« La première fois que j'ai mis un legging fleuri et coloré au sport, une personne m'a dit : "Dis donc, vous avez de sacrés cuissots." Vous pensez que c'est méchant et qu'elle n'avait pas le droit de me dire cela ?

Moi, je me suis dit : "Mais oui, je sais ! C'est même moi qui les ai habillés ce matin ! Je suis au courant que j'ai de bonnes cuisses. Je les vois, je les touche, je les masse. Me le dire ne changera rien !" »

Ce regard que tu portes sur ce qui est extérieur à toi est le même qui te permet de te voir, de te connaître.

Dans la vie, tu incarnes ton corps. Il t'est donc possible de ne pas te regarder et d'oublier que ce corps est le tien. En ne te regardant pas, tu perds toutes les informations lisibles sur cette enveloppe extérieure.

Même si tu choisis de ne pas te regarder, les autres te regardent quotidiennement. En leur laissant une chance de t'apprendre quelque chose sur ton propre corps, tu donnes plus d'importance et de poids à leur regard. En effet, si quelqu'un te fait une remarque sur une partie de ton corps, il est possible que tu en souffres car tu découvres cette information. Si au contraire, tu regardes ton corps et le connais dans ses moindres détails (grains de beauté, bleus, vergetures, kilos en trop...), les remarques t'atteindront beaucoup moins. Elles ne seront plus que des constatations, de simples descriptions de ce que tu sais déjà.

CROIS-MOI, QUAND PERSONNE NE T'APPREND RIEN SUR TON CORPS, TU RESSENS UNE SORTE DE LIBERTÉ INÉGALABLE.

« Quand j'ai commencé à faire du sport en salle, il était hors de question que je me mette en débardeur. Tout le monde allait voir mes gros bras. Même histoire avec mes cuisses, que je camouflais dans des joggings trop grands, et mes fesses, cachées par des tee-shirts très longs.

Cette tenue, je l'ai gardée des années, même après avoir pris goût au sport.

Un jour, en plein cours, je suis tombée dans les pommes à cause de la chaleur de mes 250 vêtements empilés. Le coach qui est venu à mon secours m'a dit : "Mais Lisa, comment veux-tu qu'on atteigne ton corps avec toutes les couches que tu portes ? Pourquoi est-ce que tu t'habilles ainsi ?" J'ai vécu mon pire cauchemar. Je ne pouvais plus me cacher derrière une logique ridicule. Il avait raison. En me couvrant pour me cacher, j'avais attiré tous les regards. L'incohérence de cette attitude montrait mon mal-être et mon besoin d'être invisible.

Le soir même, je suis rentrée chez moi et j'ai jeté tous mes vêtements de camouflage. J'en ai acheté de nouveaux (legging et débardeur) avec lesquels j'avais l'impression d'être nue mais libre. »

CET ÉVÉNEMENT CHOC M'A FAIT COMPRENDRE QUE PLUS TU TE CACHES, PLUS TU ATTIRES LE REGARD.

La curiosité naît dans le mystère, dans ce qui reste à découvrir. Si tu t'habilles sans essayer de te camoufler, alors tu passes inaperçue ! ☺

Tes amis t'ont-ils déjà rassurée en te disant que ton défaut ne se voyait pas du tout ? C'était faux. Si si, je t'assure ! Ils voient aussi ton petit bourrelet que tu tentes de cacher par tous les moyens. La différence entre leur regard et le tien, c'est que tes amis te voient toi, tout entière. Non pas juste ton petit bourrelet. Contrairement à ce que tu pourrais penser, ils ne s'arrêtent pas sur ce genre de détail et ne se focaliseront pas là-dessus.

LE TOUCHER

CHRONIQUE D'UN CORPS DÉLAISSÉ

Dans cette chronique, nous allons nous mettre à la place de notre corps. ☺

7 h : Je me lève. Je vais immédiatement sous la douche, sans prendre le temps de m'étirer ou de me réveiller en douceur.

7 h 15 : Je m'habille loin du miroir. Pas un regard, même furtif. Je suis vite couvert par des vêtements qui sont soit trop larges pour me cacher, soit trop petits pour me gainer.

7 h 30 : C'est l'heure du petit déjeuner. Je meurs de faim. Mais je n'aurai pas la portion nécessaire, cela pourrait me faire grossir. Pourtant, cela me rend faible.

9 h : Après le chemin vers le travail, j'ai faim. Le petit déjeuner m'a permis de faire l'effort d'arriver jusqu'ici, mais là j'ai besoin de nutriments !

11 h : J'ai beaucoup trop faim, mais je ne dois rien dire. J'ai osé ronronner et je me suis pris des réflexions. Apparemment, j'étais mieux avant, là j'ai grossi. Je me suis fait insulter parce que je me suis laissé aller... Pourtant, je suis obligé de faire des stocks, je suis sans cesse affamée ou en surplus !

12 h : J'ai le droit à une salade. Sérieux ? Comment je vais faire pour tenir toute la journée avec une salade ?

14 h : Aïe ! Elle me pince le ventre pendant ce petit détour aux toilettes ! Elle me regarde dans le miroir et me dit que je suis dégoûtant...

16 h : Elle a regardé des cures minceur, je n'imagine même pas ce qu'elle va me faire subir !

18 h : On part au sport. Je n'ai plus d'énergie, moi ! Je ne vais jamais pouvoir tenir ! Je n'ai même pas envie de collaborer...

23 h : On se couche. Je n'ai pas eu de petites attentions positives aujourd'hui, même pas un petit massage ou une caresse, une question d'habitude.

Que penses-tu de cette chronique ? Arrives-tu à comprendre ce qu'endure ton corps chaque jour ? Cela te donne-t-il envie d'en prendre plus soin ?

LES 5 FAÇONS DE TOUCHER SON CORPS

Je suis certaine que tu penses qu'il n'y a qu'une façon de toucher son corps. Mais je t'assure que non ! D'après moi, il y en a cinq. Chacune a pour but de faire du bien à ton corps et de le rendre vivant.

1. L'AUTOMASSAGE

C'est la manière la plus commune et la plus efficace pour créer ou renouer le contact avec ton corps. Il te permet de ressentir chaque centimètre de ta peau. Avec ou sans crème et huile, les automassages te permettent de découvrir ton corps par le toucher, d'en connaître les moindres recoins et d'en prendre soin !

C'est aussi une manière de t'approprier les parties de ton corps que tu n'aimes pas. **En touchant ce petit bourrelet ou ce bout de peau flasque, tu l'apprivoises et l'acceptes.**

2. LE MASSAGE

Tout aussi agréable que l'automassage, le massage te confronte au regard de l'autre. L'enjeu n'est pas le même et on ne peut pas substituer l'un à l'autre.

Si se masser n'est pas toujours évident quand on a des complexes, se faire masser peut être un véritable défi. Garde toujours en tête que le massage doit être un moment de détente et de bien-être. Si te faire masser tout le corps t'intimide et te fait peur, commence par un massage du visage ou un soin. En parallèle, mets-toi au défi de parvenir à te faire masser une zone supplémentaire la prochaine fois. D'ici là, tu auras le temps de bien apprendre à connaître ton corps pour ne plus avoir peur du regard de l'autre.

3. LES MATIÈRES DOUCES

Fini les matières qui grattent, qui puent, qui laissent des traces, qui font transpirer, qui collent à la peau... Porte des matières agréables qui te font l'effet d'une caresse.

4. LES CARESSES

La caresse est un vrai moment de douceur. Tu offres à ton corps de l'amour par le toucher. Encore une fois, c'est une manière de découvrir ton corps. Contrairement aux massages, qui sont plus profonds, les caresses développent une relation entre toi et ta peau.

Tu peux te caresser le soir avant de t'endormir, pour te détendre avant le coucher, par exemple. Ce petit rituel peut devenir une habitude qui te permettra de terminer chaque journée dans la douceur et l'amour.

5. LA CONNEXION À LA NATURE

Se baigner dans un lac ou dans la mer, s'allonger sur une pelouse et se faire chatouiller par l'herbe, sentir le soleil réchauffer sa peau, laisser le vent caresser son visage... Ces petits bonheurs du quotidien rendent le corps vivant. Ils le connectent à la nature.

Pour commencer à te reconnecter à toi-même, choisis la façon de toucher ton corps qui te semble la plus accessible. Puis tente les autres, petit à petit.

TON CORPS TE DIT DÉJÀ MERCI !

LA PAROLE

CHRONIQUE D'UNE PENSÉE NÉGATIVE

Prenons un exemple simple : tu t'es fixé un défi sportif, une course de 10 km. Pour toi, cet exploit te sort de ta zone de confort.

J-1 : La peur de l'échec t'envahit. Tu ne parviens pas à laisser cette peur de côté en la remettant dans son contexte, et tu la laisses te submerger.

H-3 : Tu ne te sens plus capable de relever ce défi, tu te persuades que tu n'y parviendras pas.

H-1 : Avant même d'avoir commencé cette course, tu es convaincue de ne jamais arriver au bout.

Départ : Tu te lances tout de même, malgré le doute et l'incertitude.

H+15 : En courant, tu es persuadée que tu n'arriveras pas à la ligne d'arrivée.

H+40 : Ton corps écoute ce que dit ton esprit. Petit à petit, tu ralentis, et tu finis par abandonner la course.

H+50 : Tu te dis finalement que tu avais raison : tu n'en étais pas capable.

Dans cette situation, tu t'exposes à plusieurs problèmes.

D'abord, tu te « jettes un sort ». Tu crois ne pas être capable d'y arriver, donc tu te persuades toi-même et tu conditionnes ton corps à l'échec. C'est vraiment dommage de te mettre des bâtons dans les roues avant même le début de la course !

En effet, en suivant cet enchaînement de pensées négatives et en t'enfonçant toi-même dans ce schéma destructeur, tu te rapproches de l'échec et quand tu échoues, tu te prouves que ce schéma fonctionne. Tu te félicites d'avoir eu raison, de t'être empêchée de réussir.

Pourquoi ne pas inverser la tendance ? Puisque ce schéma fonctionne pour la négativité, il fonctionne aussi pour la positivité ! Dis-toi que tu vas y arriver, donne-t'en les moyens, réussis et conclus que tu avais raison d'essayer ! **Sors de ta zone de confort, cela te rendra fière de toi.** Car plus tu vas réussir et plus tes challenges seront valorisants pour toi. Tu seras plus heureuse, plus épanouie et plus sûre de toi.

PENSER POSITIF, C'EST SE RAPPROCHER DE LA RÉUSSITE !

TOP 5 DES PHRASES À BANNIR

1. JE SUIS MOCHE

Attention : ce que tu dis, tu le deviens ! Sois plus précise : d'après toi, qu'est-ce qui est moche ? Ta tenue ? Ta coupe de cheveux ? Ton visage fatigué ? Plus tu es précise, moins tu risques d'en faire une généralité, et plus c'est simple de te détacher de ce sentiment.

2. JE N'Y ARRIVERAI PAS

En disant cela, tu n'y arriveras pas. Tu conditionnes ainsi ton corps et ton cerveau à ne pas y arriver. Alors positive : moi, je suis sûre que tu peux réussir tout ce que tu veux ! À toi de le croire désormais !

3. IL FAUT QUE

À remplacer par « J'ai envie de » pour positiver. On transforme le devoir en plaisir !

4. JE SUIS BÊTE

Dire que tu es bête te conditionne à l'être, ou en tout cas à le penser. Prenons l'exemple d'un oubli de clés. Dans cette situation, on peut facilement se dire : « Je suis bête, j'ai oublié mes clés ». Tu n'y peux rien, cela arrive à tout le monde. C'est la situation qui est bête, pas toi ! Alors ne t'inclus plus dans la bêtise et transforme ta phrase en : « C'est bête, j'ai oublié mes clés ».

5. LE « NE… PAS »

La négation est un fléau. L'utiliser pousse le cerveau à se focaliser sur ce qu'on ne veut pas, et non sur ce qu'on veut. En changeant cette négation, tu auras plus de chance d'obtenir ce que tu veux vraiment. Ton cerveau et ton corps, en équipe, vont agir et bouger ensemble pour réaliser tes envies ou tes objectifs.

LE POIDS DES MOTS

PESER SES MOTS

Voilà une expression qui a du sens.

Les mots dont on se sert incarnent qui nous sommes. Ainsi, si on n'utilise que des mots négatifs à notre égard, il y a fort à parier qu'on n'a pas une bonne estime de soi.

Que ressens-tu à l'idée qu'une personne que tu apprécies te dise qu'elle t'aime ? Ces mots raisonnent en toi, tu en ressens tous les bienfaits. Ton cœur est rempli et tu es heureuse.

Au contraire, que ressens-tu à l'idée qu'une personne te dise qu'elle te déteste ? Ton corps se raidit et tu sens la colère ou la tristesse te traverser.

De la même façon, tout ce que tu dis et penses colore tes gestes, tes actions et ta vie.

Tant que tu ne réalises pas le poids de tes mots et leurs conséquences sur ton corps, tu risques de continuer à t'adresser un regard négatif, dangereux. Alors, tout se fige en toi. Il n'y a plus de vie.

**CERTAINS MOTS
SE TRANSFORMENT EN MAUX.**

Change tes habitudes et développe des sentiments positifs à ton égard. **L'amour va faire circuler la vie en toi.** Choisis de jolis mots bienveillants pour créer autour de toi une atmosphère paisible et des actions positives.

LA SOLUTION EST LA DISCUSSION

« Avant que je prenne conscience de l'importance des mots et surtout de la parole, je ne parlais quasiment jamais à mon corps, sauf pour lui crier dessus ou l'insulter. Plus je lui en voulais, plus je l'insultais, et plus je l'insultais, plus il m'en voulait.

Tout ce qu'il entendait, c'était : t'es moche, t'es grosse, t'es dégueulasse, t'es immonde, personne ne voudra de toi, t'es qu'une grosse vache. J'ai fini par incarner mes propres mots. Je ne me trouvais pas juste moche, j'étais moche !

J'en voulais à mon corps de ne pas me prouver que j'avais tort. J'attendais de lui qu'il me rassure en me contredisant. Pourtant, pour obtenir amour, vie et résultat de sa part, c'est moi qui aurais dû le rassurer, le remercier et en prendre soin.

Comme je voyais que ma stratégie de tyran ne fonctionnait pas, j'ai commencé à lui dire les choses comme je le pensais. Je m'entends encore lui dire que j'étais déçue de lui, que j'attendais autre chose de sa part, que je ne pouvais jamais compter sur lui...

Puis mon discours de déception s'est adouci. Les insultes ont laissé place aux reproches, qui se sont eux-mêmes transformés en questionnements puis en mots réconfortants. À partir de là, notre relation n'a fait que s'améliorer. La solution était la discussion. »

LE DIALOGUE

PARLER À SON CORPS

Parle à ton corps comme s'il s'agissait d'une autre personne. Encourage-le, câline-le, dis-lui des mots doux, remercie-le pour tout ce qu'il fait et demande-lui pardon. Construis une nouvelle relation saine avec ton corps. Communique avec lui et cherche à comprendre ce dont il a besoin.

Cette communication s'entretient au quotidien par de petites attentions et de petites pensées :

- remercie ton corps quand il a tenu un effort long et soutenu ;
- demande-lui pardon quand tu as mangé quelque chose de mauvais ou que tu as mis des vêtements trop serrés ;
- câline-le quand tu le sens affaibli ;
- sois fière de lui et félicite-le quand il accomplit un exploit, même tout petit ;
- demande-lui pourquoi il ne va pas bien quand c'est le cas.

ENCOURAGE CETTE RELATION DE CONFIANCE ET DE PARTAGE. NE LAISSE PLUS TON CORPS DE CÔTÉ ET ÉCHANGE AVEC LUI.

ÉCOUTER SON CORPS

« Je me suis souvent blessée, pensant que mon corps était fait de titane. J'imaginais que j'étais bien plus forte que cela et que mon mental pouvait tout contrôler. À chaque blessure, j'étais consciente d'être allée trop loin, d'en avoir trop demandé et d'avoir abusé de mon corps. J'avais aussi conscience du moment fatidique de la blessure.

Malgré mes promesses de m'écouter pour ne plus me blesser, ma détermination et mon entêtement étaient plus forts. Au fond de moi, je savais que la raison qui me poussait à aller si loin n'était pas la performance mais la peur qu'on me trouve faible. J'avais peur de passer pour celle qui abandonne au moindre obstacle, qui faiblit devant l'effort. J'étais en réalité poussée par mon ego. »

Combien de fois as-tu poussé ton corps jusqu'à l'épuisement ou, pire, la blessure ?

Et combien de fois as-tu entendu une petite voix te dire de prendre une écharpe sans l'écouter ?

Cette petite voix est celle de ton instinct, celle que tu entends mais que tu occultes, que tu choisis de ne pas écouter.

Pourtant, quand tu choisis de ne pas l'écouter, ton instinct fait appel à ton corps. Le message est envoyé de manière graduelle : d'abord doucement par cette voix qui te parle, puis qui se répète plusieurs fois de plus en plus fort. Quand tu choisis d'ignorer le message, l'instinct s'associe au corps. Le message est alors souvent beaucoup plus violent.

Prenons l'exemple d'une séance de sport : ta petite voix t'indique plusieurs fois de prendre soin de ta cheville fragilisée. Tu ne l'écoutes pas car tu veux être performante. Après plusieurs rappels, ton instinct fait appel à ton corps, qui, lui, ne passe pas par quatre chemins. C'est la douleur ou la blessure assurée !

On se croit souvent invincible jusqu'à ce que notre corps nous stoppe. Et là, on a un déclic. On reconnaît avoir été trop loin.

Si tu te blesses, ne fais surtout pas l'erreur d'en vouloir à ton corps ! Ce serait vraiment la cerise sur le gâteau !

Si la fatigue est l'indicateur le moins écouté, c'est pourtant celui qu'il serait bon de prendre en compte. La fatigue est le premier signe de dépassement de ses limites. **Écoute-toi, prends soin de toi et tu iras plus vite, plus loin.**

J'ÉCOUTE
MON INSTINCT
CAR IL SAIT
CE QUI EST
BON
POUR MOI.

FAIRE ÉQUIPE AVEC SON CORPS

Comme beaucoup de personnes, tu as l'impression que tu contrôles ton corps, que le mental fait tout le boulot et que le corps obéit. Tu es persuadée que ton corps va réaliser tes rêves les plus fous sans le moindre effort. Alors tu attends de lui qu'il mincisse, qu'il se raffermisse, qu'il se tonifie, qu'il bronze, qu'il rajeunisse... Tout cela sans en prendre soin, bien sûr.

Pour obtenir les résultats que tu recherches et être bien dans ta peau, tu restreins ton corps, tu l'épuises et le maltraites. Plutôt que de faire équipe avec lui, tu avances contre lui et tu utilises la force pour le faire plier.

Cette méthode n'est pas sans conséquences. Poussé à bout, ton corps s'épuise et s'affaiblit. Il finit même par se rebeller : blessure, refus de perte de poids, fatigue excessive...

Ne serait-il pas plus simple et plus sain de faire équipe avec ton corps ?

Crée cette relation unique entre ton corps et ton esprit pour construire une véritable harmonie dans ta vie. **Sois à l'écoute de ton corps comme il l'est avec ton esprit.** Encourage-le, montre-lui des signes d'affection, dépense-le quand il en a besoin, nourris-le quand il a faim, repose-le quand il est fatigué.

POUR MARQUER CETTE NOUVELLE ÈRE, SERRE TES MAINS ENSEMBLE, COMME SI TU SCELLAIS UN CONTRAT DE PAIX ET DE RESPECT ENTRE TON CORPS ET TON ESPRIT.

LA LOGIQUE

CHRONIQUE D'UN COMPLEXE

Cette fois-ci, nous allons nous mettre à la place de nos bras.

8 h : Le réveil sonne, on a bien dormi. Il fait très beau dehors.

8 h 15 : On s'habille. Oh non, elle a prévu de mettre des manches longues, même par ce temps !

9 h : On a déjà chaud. On est bien cachés, d'accord, mais là on a chaud !

12 h (repas en terrasse) : Elle veut notre mort ou quoi ? Elle vient de dire à son collègue qu'elle est frileuse ! Non mais sérieux !

14 h : On va essayer de lui montrer par tous les moyens qu'on a chaud. On sort toutes nos cartes : transpiration, démangeaisons, frissons, odeurs... La totale !

16 h : Rien n'y fait. Elle n'a pas lâché son gilet. On n'aura même pas eu le droit de voir le soleil aujourd'hui. Qu'a-t-on fait de si horrible ?

16 h 30 : On a tout essayé. C'est fichu !

17 h : Si c'est à cause de notre taille, merci ! C'est pas nous qui avons choisi de faire le yo-yo toute l'année !

18 h : Tiens, on va au sport ! Une nouvelle chance d'être un peu découverts !

18 h 30 : Eh non, elle a encore dégainé les manches longues. Et rajouté par-dessus un tee-shirt trop large, comme si ce n'était pas déjà assez !

20 h (à la maison) : On file à la douche, enfin libérés ! On est lavés puis séchés. Mais pas de crème pour nous. Comme si on en avait déjà eu...

21 h (devant le miroir) : AÏE ! Mais pourquoi elle nous pince ?

21 h 05 : Ah, maintenant elle nous insulte ! On pendouille, on est gras, on est moches... Merci, ça fait toujours plaisir !

22 h : Elle nous compare à d'autres bras sur Instagram. La bonne idée !

Nos complexes nous empêchent parfois d'avoir une vision claire de notre corps. Ils agissent comme un voile qui transforme la perception que l'on se fait de notre corps. Plutôt que de travailler pour une réconciliation, on travaille contre nos complexes, et donc contre notre corps. On se bat alors à l'éliminer, le contrer, l'exterminer. On y va fort et violemment. **Pourtant, plus on utilise la force moins le corps est réceptif à notre demande.**

PRÉFÈRE L'ACCEPTATION, LE DIALOGUE ET ÉVENTUELLEMENT LA MODIFICATION DOUCE ET LENTE. NE BRUSQUE PAS TON CORPS, MAIS SOIGNE-LE.

LES 7 RÈGLES POUR ÊTRE LOGIQUE AVEC SON CORPS

Pour respecter son corps, il est nécessaire d'être cohérente et raisonnable.

1. ÊTRE EN PHASE AVEC LA MÉTÉO

Cette règle est ma préférée !
Quand il fait froid, couvre toi. Quand il fait chaud, découvre-toi. ☺

Tu trouves cela stupide ? Pourtant, les personnes qui ne sont pas à l'aise avec leur corps sont souvent très couvertes, même lorsqu'il fait chaud. C'est une manière pour elles de se cacher. Mais sache que se couvrir en été produit l'effet inverse : au lieu d'être cachée, tu deviens beaucoup plus visible et remarquable !

En plus de cela, si tu te couvres alors que tu as chaud, tu étouffes ton corps. Il ne respire plus et c'est toi tout entière qui n'es pas à l'aise. Tu finis trempée et au bord du malaise !

2. MANGER

Ce point est primordial. Il signifie que tu ne te prives plus, mais sans non plus te gaver comme une oie. Fini les crises alimentaires puisque tu as le droit de manger quand tu as faim. Et ne culpabilise pas lorsque tu manges ce qui te fait plaisir.

3. DORMIR

Le sommeil est essentiel à notre bonne santé. C'est évident ? Probablement ! Pourtant, je suis sûre que tu ne t'autorises pas toutes les siestes dont tu as besoin et que tu préfères être active plutôt qu'avoir une longue nuit de sommeil.

Sache que le sommeil est réparateur. Il te permet de récupérer et d'être efficace. Sans sieste, tu mettras deux heures pour effectuer une tâche, alors qu'en étant reposée, tu l'aurais faite en une heure !

NE CULPABILISE PLUS DE TE REPOSER. DORMIR NE SIGNIFIE PAS PROCRASTINER, MAIS PRENDRE SOIN DE SON CORPS.

4. BOIRE

Hydrate ton corps régulièrement et suffisamment. Cette règle de base est pourtant souvent négligée. Un corps hydraté est un corps en bonne santé. Il sera plus à même d'éliminer les bactéries et les impuretés, de lutter contre les microbes, de digérer…

5. SE METTRE EN MAILLOT DE BAIN

Le maillot de bain est une épreuve pour beaucoup trop de femmes. Même si tu sais que tu attires plus le regard quand tu es couverte d'un tee-shirt pour aller te baigner, tu persistes. Pour toi, le regard des autres est trop pesant et tes complexes trop présents. Mais sais-tu vraiment de quoi tu prives ton corps ?

- De respirer.
- De faire le plein de vitamine D.
- De profiter du bonheur de sentir le soleil sur sa peau.

6. RIRE

Rien de mieux que rire, seule ou avec d'autres personnes. Rire, c'est l'expression de la vie. Rire nous rapproche des autres et nous rend heureux. Ne t'empêche pas de rire, et surtout pas de toi-même ! ☺

7. S'EXPRIMER

Dis ce que tu ressens et exprime-toi. Cela te rendra vraiment heureuse de ne plus ruminer et de ne plus rien garder en toi. Débarrasse-toi de ce qui te gêne, parles-en et passe à autre chose.

PLUS C'EST LOGIQUE, PLUS ON OUBLIE !

UNE PIQÛRE DE RAPPEL ÉTAIT NÉCESSAIRE.

LISTE D'INCOHÉRENCES

Liste ici toutes les incohérences dont tu voudrais te débarrasser : celles de ton quotidien et celles auxquelles tu as pensé en lisant les pages précédentes. ☺

Les écrire va t'aider à réaliser ce que tu t'infliges. Tu pourras ensuite t'en débarrasser plus facilement puisque tu les auras nommées.

Pour t'aider à te lancer, voici quelques exemples :

« Je ne mets pas de short malgré la canicule. »

« Je ne m'autorise pas à manger quand j'ai faim. »

« Je préfère me taire plutôt que de dire ce que j'ai envie de dire. »

....

....

....

....

....

....

....

....

....

....

....

Pour répondre à chacune de tes incohérences, écris et complète cette phrase :

« Je respecte mon corps en… »

UN CHANGEMENT SUR TOUS LES FRONTS

Faire un travail sur soi, c'est accepter le changement.

Si tu lis ce livre aujourd'hui et que tu en es arrivée à cette partie, c'est que tu veux voir en toi une révolution. Pour y parvenir, il faut agir sur tous les fronts. Certes, ce n'est pas facile, cela demande de véritables efforts et un virage à 180 degrés dans ta façon de penser et de vivre, mais ça vaut le coup !

Pour que cette révolution commence, lance-toi ! N'y va pas sur la pointe des pieds, mais cours vers la nouvelle toi !

Quand tu décides de faire un ménage de printemps, tu bouscules toutes les pièces de fond en comble. Tu t'y mets une bonne fois pour toutes afin d'avoir le plaisir et la satisfaction d'une maison propre. Pour le corps, c'est pareil ! Regarde ton corps, touche-le, parle-lui, respecte-le et prends-en soin. Si les efforts te semblent énormes au début, tu n'en verras que les bénéfices en très peu de temps !

SECOUE-MOI TOUT ÇA POUR QUE LA PULPE NE RESTE PAS EN BAS !

LES 5 LANGAGES DE L'AMOUR DE SOI

Dans *Les 5 Langages de l'amour*, Gary Chapman décrit les cinq manières de manifester notre amour. Bien qu'ils soient à l'origine destinés aux couples, ces cinq langages sont tout à fait applicables à nous-mêmes, à l'amour que l'on doit se porter pour fonder cette belle relation.

Voici comment on peut se donner de l'amour grâce à ces cinq langages :

PRENDRE SOIN DE SON CORPS

- Massages
- Sieste sous un plaid
- Activité physique
- Journée au spa
- Étirements
- Caresses
- Application de crèmes, d'huiles...

SE RENDRE SERVICE

- Thérapie
- Actes de bienveillance
- Planification/organisation
- Nettoyage
- Délégation
- Sortie

SE DIRE DES MOTS BIENVEILLANTS

- Affirmations positives
- Mantras
- Confession dans un journal
- Compliments
- Remerciements, pardon et amour

SE FAIRE DES CADEAUX

- Voyage
- Vêtements
- Papeterie
- Petits cadeaux
- Petits plaisirs

S'OFFRIR DU TEMPS DE QUALITÉ

- Méditation
- Hobbies/travaux manuels
- Rendez-vous avec soi-même
- Relaxation
- Liste de gratitude

PRENDRE SOIN DE SOI

Alors que cela consiste en des gestes pourtant très simples, on oublie souvent de prendre soin de soi.

Chacun en a sa propre définition selon ses besoins. Si « prendre soin de soi » peut nous faire immédiatement penser à un massage, aux vacances ou au repos, on oublie toutes ces petites choses du quotidien, comme :

PRENDRE SOIN DE SON ESPRIT

- Libérer sa charge mentale (payer ses factures à temps ou demander de l'aide, par exemple)
- Couper son téléphone pour se déconnecter
- Laisser couler ses larmes
- Dire stop aux pensées négatives
- Écouter sa musique préférée

PRENDRE SOIN DE SON ESPACE DE VIE

- Faire le ménage/ranger
- Faire la lessive/plier son linge
- Décorer son bureau

PRENDRE SOIN DE SON CORPS

- Se préparer le petit déjeuner
- Dormir
- Faire un compliment à son corps
- Se couper les ongles
- S'hydrater et hydrater sa peau
- Manger quand on a faim
- Marcher dans un parc

PENSER À SOI

ASSOUVIR UNE ENVIE

Toutes les envies ne sont pas réalisables (sinon, je serais actuellement à Bora-Bora en train de siroter un cocktail dans mon hamac !), mais se faire plaisir de temps en temps est primordial.

UNE ENVIE SURVIENT SANS RAISON.

UNE ENVIE N'EST PAS UN SENTIMENT.

UNE ENVIE PEUT ÊTRE GRATUITE.

AVOIR DES ENVIES NE VEUT PAS DIRE ÊTRE CAPRICIEUSE.

ASSOUVIR UNE ENVIE NE SIGNIFIE PAS ÊTRE ÉGOÏSTE.

Souvent, quand on pense au fait d'assouvir une envie, on y accole les notions de spontanéité, d'impulsivité, de justification. On imagine des envies chères, inaccessibles ou délirantes. Pourtant, tu réponds quotidiennement à tes envies les plus simples : écouter une chanson, manger un aliment, ne rien faire, aller aux toilettes, danser, sortir…

Ces simples envies sont à la base des expressions de ton moi profond. Quand tu as une envie, c'est ton cœur qui parle, pas ta raison. Et ton cœur est pur : il ne triche pas, il ne te ment pas. C'est ensuite ton cerveau qui prend le relais. Il agit raisonnablement pour valider et assouvir, ou au contraire interdire, l'envie.

T'arrive-t-il d'avoir un dialogue intérieur sur tes envies ?

Voici ce qui se passe parfois dans ma tête :

« J'ai envie de danser, là tout de suite.

– Il est tard, tu ne vas pas danser maintenant !

– Si, j'ai envie de bouger mon corps. Je suis restée assise toute la journée, je n'en peux plus !

– Mais qui dit danser dit musique. Tu as pensé à tes voisins ?

– J'ai envie de danser, pas de transformer mon salon en boîte de nuit !

– Vas-y, mais il est tard. Tu ferais mieux d'aller dormir. »

Là, tu te dis que je suis folle. Pourtant, je suis sûre qu'à chaque fois que tu veux assouvir une envie, ta raison prend le relais. Elle te ramène à ta condition d'adulte responsable.

ATTENTION : une envie n'est pas toujours déraisonnable, et la raison n'est pas toujours la voie ultime à suivre ! Pour vivre et être heureuse, tu dois savoir mélanger envie et raison. C'est cet équilibre qui est la clé. Cela te permettra de ne pas culpabiliser et ne pas créer des plaisirs coupables. Parce que finalement, une envie et un désir validés par ton cœur et ta raison ne sont jamais coupables.

Note ici 10 envies et donne-toi 10 jours pour en assouvir au moins trois !

TU EN ES
CAPABLE,
JE CROIS EN TOI.
LANCE-TOI !

LE MONDE, MON CORPS ET MOI

Nous allons maintenant développer ta confiance en toi. Tu as désormais une idée plus claire de qui tu es et de ton potentiel. Tu sais comment fonctionnent tes émotions, à quoi ressemble ton corps et tu commences à t'accepter. Tu as peut-être même déjà eu le fameux déclic (si oui, bravo, tu es au top !).

La confiance en soi se construit en parallèle de notre relation aux autres. J'ai choisi de placer cette partie du livre à la fin car pour moi, ce qui est essentiel, c'est toi. **Le changement est bien plus important s'il est concentré avant tout en toi et sur toi.**

Le regard des autres est un poids difficile à gérer, mais rappelle-toi qu'il n'est pas important face au regard que tu poses sur toi-même.

Vivre en harmonie avec les autres est important, mais nous ne devons pas nous focaliser sur eux, ni sur leur bien-être, leurs besoins ou leurs désirs.

La clé est de trouver un équilibre entre la relation que tu as avec les autres et celle que tu as avec toi-même.

CHACUN COMPREND LES CHOSES SELON SON PROPRE NIVEAU DE PERCEPTION.

UN ADN = UNE PERCEPTION !

LE REGARD : LE MiEN ET LE LEUR

Maintenant que tu as compris à quel point ton regard sur toi est important, nous allons essayer de comprendre quelle valeur nous donnons au regard des autres.

Ce que tu vois, il est très probable que les autres le voient aussi. Ainsi, plus tu valorises le regard de l'autre, plus tu dévalorises ton propre regard. Ton avis et ta vision des choses n'ont plus d'importance. Au contraire, si tu as confiance en ce que tu vois et en ce que tu penses, ton regard est sûr et tu respectes tes valeurs.

Pire encore, si tu portes un regard dévalorisant sur toi, l'autre le voit et va s'appuyer sur ton regard pour porter son jugement.

Pourquoi penses-tu que le regard des autres est plus juste et plus important que le tien ?

Il n'y a aucune raison que le regard d'autrui soit plus important pour toi que le tien.

Si je vois que j'ai un bourrelet, il y a de fortes chances que les autres le voient aussi. Ce qui diffère n'est donc pas la vision, mais la perception et le jugement que l'on a vis-à-vis de ce bourrelet.

C'est donc à toi de travailler sur la confiance que tu as envers ton propre regard et sur sa justesse. **Il faut accepter qu'il existe différents niveaux de perception et que le tien est souvent focalisé sur des détails exacerbés par tes complexes.**

LA LIBERTÉ DE PENSER

On aimerait souvent que les personnes malveillantes se taisent. Qu'elles ne puissent plus nous inonder de leur méchanceté ou de leur bêtise. Pourtant, au même titre que tout le monde, une personne malveillante est libre de penser et de parler.

J'entends souvent dire : « Il/Elle n'avait pas à te dire cela », « Ça ne se fait pas de dire cela », « On ne lui a rien demandé, pourquoi avoir dit cela ? » Sauf qu'on ne peut pas interdire les personnes de parler, et on ne peut pas non plus contrôler leurs pensées pour les rendre plus bienveillantes et ouvertes ! Nous ne sommes d'ailleurs pas obligés d'être tous d'accord. Néanmoins, nous pouvons faire en sorte de ne pas réceptionner leurs mots en gardant à l'esprit que leur vision nous importe moins que la nôtre.

Pour ne plus être touchée par les mots d'autrui, sois bienveillante. Crée autour de toi un environnement serein. Ne perds plus ton énergie à lutter contre une personne malveillante et capitalise cette force pour ton bien-être.

SI TU VOIS DE LA BEAUTÉ DANS QUELQUE CHOSE, N'ATTENDS PAS LA VALIDATION DES AUTRES.

TON AVIS ET LE LEUR

Confronte toujours ton avis avec celui des autres. Pour cela, il faut que tu arrives à construire ton avis. C'est un travail préliminaire important. Sinon, tu te retrouveras à prendre pour acquis un avis extérieur sous prétexte que les personnes qui t'entourent sont bienveillantes, qu'elles te connaissent, et surtout parce que toi... Tu ne sais pas.

Entraîne-toi tous les jours et sur tous les sujets. Ne te juge pas parce que tu as un avis. Laisse-le aller et essaye de l'expliquer. Cela te permettra de te donner confiance et, au besoin, lors d'une conversation, de pouvoir exprimer ton avis et le défendre. Tout le monde n'est pas obligé de penser pareil, c'est une richesse.

Les personnes qui ont un avis sur tout ne sont pas agaçantes ! **Au contraire, elles sont source de débats, de discussions et donc d'enrichissement !** Ces personnes vont te sembler embêtantes seulement si toi tu n'as pas d'avis... On en revient toujours à ce point. ☺

AVANT DE BOIRE LES PAROLES D'AUTRUI ET DE LES SUIVRE LES YEUX FERMÉS, SOIS SÛRE QUE CES CONSEILS SONT ADAPTÉS À TA SITUATION ET TA PERSONNE.

UNE PENSÉE EST UNE CROYANCE

Je vais partager avec toi le plus beau conseil que l'on m'ait offert : fais attention à tes pensées car elles deviendront tes mots.

Quand une pensée négative revient sans cesse te hanter, tu finis par y croire. Ainsi, si tu penses quotidiennement que tu es moche et indigne d'être aimée, tu finis par t'en persuader. Et y croire, c'est l'incarner. Toutes tes actions découlent dans ce sens.

Une pensée peut être démentie, déconstruite et supprimée. Cependant, quand la pensée devient une croyance, elle s'installe profondément et la dénicher n'est pas tâche facile.

D'où l'importance de ne penser qu'à des choses positives ! ☺

ATTENTION : les croyances peuvent également être installées en toi par les personnes qui t'entourent. Si toute ton enfance, ta famille t'a répété que tu n'étais bonne à rien, que tu n'y arriverais pas, il te sera beaucoup plus difficile de croire en toi et de déconstruire ce jugement.

CHOISIR SES PENSÉES ET SES CROYANCES

Il est très important de vérifier et de remettre en contexte ce que l'on te dit.

Imagine que chaque parole est une pomme que l'on t'offre. Si cette parole est juste et en adéquation avec ton regard et tes croyances, c'est une pomme brillante, juteuse et savoureuse. Si cette parole est malveillante, réductrice ou négative, c'est une pomme pourrie. **À toi d'accepter ou non de transformer les paroles d'autrui en pensées et en croyances, puis de les intégrer en toi.**

Pour chacune de tes pensées, vérifie, trie et analyse l'information. Les pensées deviennent à leur tour des mots qui se transforment en croyances. Remets les mots dans leur contexte et surtout dans le bon ordre.

Si je te dis que le ciel est violet, tu ne vas pas me croire. Tes connaissances attestent que le ciel n'est pas violet.

Si tu es capable de réfuter cette phrase, alors tu peux choisir quelles paroles tu prends pour acquises et celles que tu ne veux pas intégrer.

LE JUGEMENT EXTÉRIEUR EST UNE BARRIÈRE

« Plus jeune, j'étais une vraie éponge. Je manquais tellement de confiance en moi que je croyais toujours l'avis et le jugement des autres. Petit à petit, j'ai tout pris à cœur. J'étais persuadée que rien n'allait chez moi. J'y ai cru quand on m'a dit que ma morphologie n'allait pas, que je ne devais pas porter ces vêtements, qu'une fille ne devait pas dire ces choses-là, que mes cheveux étaient si bouclés qu'on ne me prendrait pas au sérieux... Je n'avais pas suffisamment confiance en moi et n'avais pas non plus la force de répondre ou d'ignorer ces remarques. Des barrières se sont alors installées en moi pour chacune des croyances que l'on m'avait imposées. J'ai tout pris en compte pour vivre selon des règles érigées par d'autres. Je m'interdisais tout ce qui me rendait naturelle et libre. »

Maintenant que je peux prendre de la distance avec cette situation, je me rends compte que mon erreur a été de prendre pour acquis le jugement des autres plutôt que d'évaluer par moi-même mes besoins, mes limites et mes règles.

Liste ici les jugements que tu as pris pour acquis. C'est la première étape pour t'en débarrasser.

....

....

....

....

....

....

....

....

....

....

LES 5 RACCOURCIS DOULOUREUX

1. « SI ELLE S'HABILLE SI MAL, C'EST PARCE QU'ELLE N'A PAS CONFIANCE EN ELLE. »

Chacun a son propre style. La confiance en soi est un état intérieur, pas un vêtement ! La confiance en soi ne se traduit pas directement par des vêtements, elle permet juste d'assumer son style. Il n'est donc pas nécessaire de s'habiller moulant, sexy, court ou de suivre la mode actuelle pour prouver qu'on a confiance en soi.

AVOIR UN STYLE
≠
AVOIR CONFIANCE EN SOI

2. « SI ELLE N'A PAS DE CELLULITE, C'EST PARCE QU'ELLE A FAIT DE LA CHIRURGIE ESTHÉTIQUE. »

N'oublions pas que la génétique joue un rôle non négligeable dans l'apparition de la cellulite et que le recours à la chirurgie esthétique est un droit. Chacun est libre de disposer de son corps comme il l'entend. Si tu as une question à ce propos, pose-la à la personne concernée plutôt que de la juger !

3. « SI ELLE NE MAIGRIT PAS, C'EST QU'ELLE DOIT FORCÉMENT MANGER COMME UNE VACHE. »

Chaque personne a sa propre morphologie et son propre métabolisme. On ne peut connaître ni juger un corps en fonction d'une assiette. La croyance que les gros mangent mal et que les minces mangent équilibré est encore trop ancrée.

Si tu ne sais pas, ne spécule pas.

4. « SI ELLE EST CÉLIBATAIRE, C'EST QU'ELLE DOIT FAIRE PEUR AUX HOMMES. »

Avoir un partenaire n'est pas une fin en soi et être en couple n'est pas une condition pour être heureux. Si tu te demandes pourquoi telle ou telle personne est célibataire, pose-lui la question !

5. « SI ELLE SORT/DÉPENSE AUTANT, C'EST POUR COMPENSER UN BESOIN. »

Et si c'était le cas, où serait le problème ?

Ce raccourci est assez bête car il ne repose que sur une partie de la vie de la personne. Si tu vois une amie faire des folies dans une boutique, peut-être qu'elle n'avait pas fait de shopping depuis longtemps, peut-être qu'elle n'achète des choses que pour faire des cadeaux, peut-être qu'elle souhaite assumer son style car elle a pris confiance en elle… Le jugement a été porté à partir d'un échantillon de temps qui n'est pas forcément représentatif.

N'OUBLIE JAMAIS QU'UN RACCOURCI PEUT TE FAIRE RATER UNE PARTIE DU TRAJET. TU RATES LE PLAISIR DE DISCUTER, DE DÉCOUVRIR UNE AUTRE PERSONNE ET D'EN APPRENDRE PLUS SUR ELLE !

N'AIE PLUS PEUR DE COMMUNIQUER.

LES 5 PHRASES SURINTERPRÉTÉES

En rouge, ce sont toutes ces phrases que l'on pense mais que l'on ne dit jamais face à une remarque qui peut être blessante. Tu remarqueras qu'elles sont toujours teintées d'agressivité.

En noir, ce sont les questions que tu peux poser pour dénouer ce nœud qui se forme en toi. En comprenant d'où provient cette remarque et pourquoi on te l'a faite, tu éviteras de te poser mille questions.

1. « IL TE VA SUPER BIEN, CE PANTALON. »

Il me fait un gros cul, c'est ça que tu n'oses pas dire ?

Tu aimes bien ?

2. « TU ES SUPER BELLE AUJOURD'HUI. »

Sympa, ça veut dire qu'hier j'étais moche !

Merci ! ☺ Qu'est-ce qui me rend spéciale aujourd'hui ?

3. « TU AS ÉTÉ CHEZ LE COIFFEUR ? »

Dis tout de suite que c'est moche !

Oui, qu'en penses-tu ?

4. « TU ES SÛRE D'AVOIR ENVIE DE TE RESSERVIR ? »

C'est parce que je suis grosse, c'est ça ?

Pourquoi me poses-tu la question ?

5. « MAIS COMMENT SE FAIT-IL QUE TU SOIS CÉLIBATAIRE ? »

Si j'avais la réponse, on n'en serait pas là !

Quelle est ta théorie ?

N'oublie pas que :

- c'est toi qui as choisi et enfilé ce pantalon (à moins d'être Cendrillon, c'est bien toi qui t'es habillée !) ;
- tu t'es regardée dans le miroir aujourd'hui et tu as vu que tu étais jolie ;
- tu as été chez le coiffeur pour changer un peu ou rafraîchir ta coupe, c'est normal qu'on le remarque (sinon, ce ne serait pas bon signe !) ;
- tu es la gardienne de ton corps et, par conséquent, tu es seule responsable de ta satiété ;
- célibataire ou non, tu es heureuse et c'est tout ce qui compte.

« Un jour, une personne m'a dit que j'étais arrogante. Cela m'a fait l'effet d'une gifle. Jamais personne ne m'avait dit que j'étais arrogante et là, quelques minutes après notre rencontre, j'étais jugée. Pour moi, c'était vraiment grave d'être arrogante. Cela signifiait être froide, prétentieuse et fausse. Je n'aurais jamais pensé que quelqu'un puisse accoler cet adjectif à ma personne.

Une fois le choc passé, j'ai été vexée, piquée dans mon ego. Une partie de moi refusait catégoriquement de croire à ce jugement. L'autre partie commençait à déconstruire ma confiance en moi et à tout remettre en question.

J'avais alors deux choix :

1. Rentrer chez moi dépitée, tout remettre en cause et croire en ce jugement. J'aurais fait machine arrière et je me serais demandé depuis quand j'étais devenue arrogante. Était-ce un mot, un geste, une attitude qui me rendait ainsi ? Je me serais posé des questions toute la nuit sans avoir de réponses. Et je serais probablement arrivée à la conclusion que j'étais arrogante.

2. Désamorcer cette "bombe vocale" immédiatement en osant demander : "Qu'est-ce qui te fait dire que je suis arrogante ?"

J'ai choisi la deuxième option.

J'ai préféré désamorcer la bombe. Quand j'ai posé la question à cette personne, sa réponse était qu'elle trouvait que je parlais beaucoup, que le premier mot qui lui était venu en tête était "arrogante". Je n'ai pas cherché à juger si c'était bien intentionné ou non. Tout ce qui m'intéressait était de savoir sur quoi elle s'était basée pour en arriver à sa conclusion. Et je dois avouer que son explication ne m'a pas convaincue. Je suis donc repartie le cœur léger ! »

DÉSAMORCER UNE BOMBE VOCALE

Dans cet exemple, je me suis épargné une nuit à cogiter sur une réflexion sans intérêt. On l'oublie souvent, mais les paroles sont des informations. Et comme toute information, certaines sont bonnes à garder, tandis que d'autres sont à jeter.

Ose poser les questions. Tu gagneras du temps et de l'énergie. Peut-être apprendras-tu quelque chose, peut-être pas.

N'AIE PAS PEUR : APRÈS TOUT, CE NE SONT QUE DES MOTS !

RÉFLEXION VS CONSTAT

LA DIFFÉRENCE EST SIMPLE : L'UNE JUGE, L'AUTRE PAS.

Prenons un exemple : tu as pris deux kilos. L'un de tes collègues te fait remarquer que tu as un peu grossi. Tu interprètes cela comme une réflexion et tu te vexes.

(Petit aparté : à ce stade de notre transformation, tu ne devrais pas être vexée. Tu te regardes tous les jours et tu connais les évolutions de ton corps ! Si quelqu'un remarque que tu as pris du poids, ce n'est pas grave puisque tu le sais déjà !)

Ton collègue s'est basé sur des faits. Il te voit tous les jours et, sans le vouloir, analyse l'information envoyée par ton image. Il a scanné toute la semaine l'image de ton corps. Quand l'image de la veille n'est pas la même que celle du jour, ton collègue peut te le faire remarquer (avec plus ou moins de délicatesse, bien sûr !). Il s'est donc basé sur des faits et n'a émis aucun jugement.

(On pourrait évidemment se demander l'intérêt de cette remarque, mais là n'est pas le sujet du jour !)

Une réflexion est un constat accompagné d'un jugement. Il y a une grande différence entre « Tu n'aurais pas grossi ? » et « Tu n'aurais pas grossi ? C'est dommage, tu es plus jolie avec quelques kilos de moins ! ». Dans le deuxième cas, la personne porte un jugement. Tu as le droit de te vexer et de lui demander de garder son avis pour elle.

Cette différence est importante car elle peut alléger ton esprit. Si tu ne surinterprètes pas les paroles et que tu passes outre les constats, tu ne gaspilleras plus ton énergie.

ATTENTION À NE PAS TOMBER DANS LE PIÈGE DE PENSER QUE « TU AS MAIGRI » EST UN COMPLIMENT ET « TU AS GROSSI » UNE RÉFLEXION. DANS LES DEUX CAS, IL S'AGIT DE CONSTATS, DE SIMPLES FAITS.

CHALLENGE : tente de ne plus être vexée par un constat. Si tu n'y parviens pas, reconnecte-toi à ton corps, regarde-le pour que personne ne puisse en savoir plus que toi sur lui.

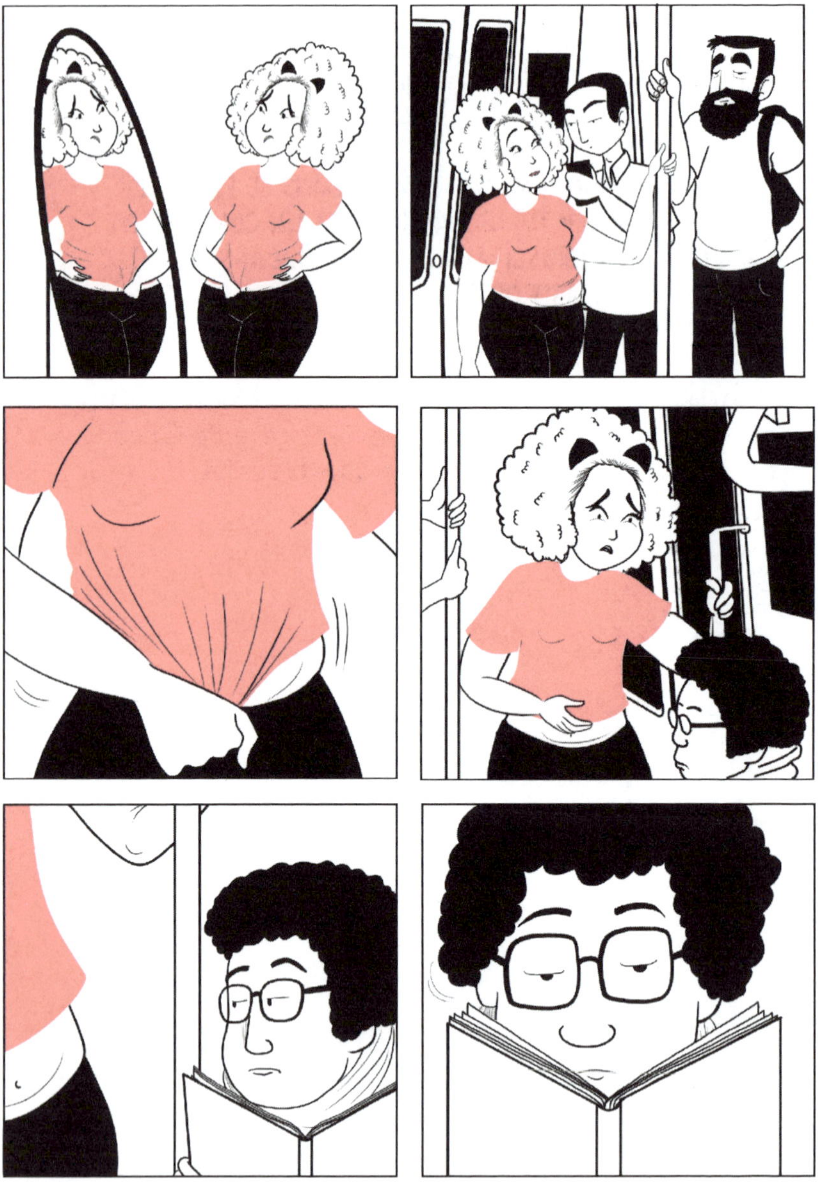

TOUT EST UNE QUESTION DE PERCEPTION

Je ne pense pas qu'il soit possible de voir du positif dans chaque situation. Mais même si parfois il n'y a rien de positif dans une situation, il est toujours possible d'en tirer une leçon.

CERTAINS VOIENT...	JE VOIS...
Une crise	L'après-crise → Si pour le moment tu es en crise, voyons ce qu'il y aura ensuite.
Une perte	Un espace → Une perte laisse de la place pour la nouveauté.
Une cassure	Un changement → Une fois que c'est cassé ou terminé, on peut changer de cap.
Une souffrance	Une transformation → La souffrance n'est pas éternelle et permet la transformation, devenant alors une force.
Un vide	Une utilisation → Plutôt que de voir le moment de vide, prépare-toi à la vague qui arrive.
Une stagnation	Une nouvelle direction → Prends ce temps de pause pour déterminer la nouvelle direction que tu souhaites prendre.

« J'AI ARRÊTÉ DE ME JUSTIFIER QUAND J'AI RÉALISÉ QUE LES GENS COMPRENAIENT LES CHOSES SELON LEUR PROPRE NIVEAU DE PERCEPTION. »

QUAND TU TE SENS...	CELA SIGNIFIE QUE...
Apeurée	Ce que tu fais compte beaucoup pour toi, cela te touche profondément.
Une arnaque, un imposteur	Tu grandis, tu changes et évolues.
Sans valeur	Ton toi intérieur a besoin d'attention.
Déprimée	Tu es déconnectée de toi-même.
En colère	L'une de tes limites a été franchie.

N'ACCEPTE PAS LES CRITIQUES DE QUELQU'UN DONT TU N'ACCEPTERAIS PAS LES CONSEILS.

ACCEPTER OU REFUSER UNE INFORMATION 💩

Par information 💩, je parle de toutes les critiques, les attaques, l'hypocrisie, les blagues misogynes, sexistes ou racistes, les conseils malveillants, la méchanceté gratuite... Tout ce qu'on peut entendre de négatif et destructeur.

Rappelle-toi qu'il est impossible de contrôler la pensée et les paroles des autres (sinon, ce serait de la censure !).

Entraîne-toi à reconnaître et trier les différentes informations, négatives ou positives. Identifie ce qui te fait de la peine, ce qui te touche, te vexe ou te semble méchant. Nous interprétons tous différemment les informations, donc tu dois comprendre quelles sont celles qui t'atteignent et celles qui ne t'atteignent pas.

Plusieurs choses à savoir :

- Intégrer l'information sans la trier, c'est prendre le risque d'y croire et de devoir t'en débarrasser seule.

- Intégrer l'information pour faire bonne figure, même en ayant l'intention de t'en débarrasser après, c'est perdre de l'énergie inutilement.

- Une fois que la personne a jeté sa négativité, celle-ci ne lui appartient plus. Et la bonne nouvelle, c'est qu'elle ne t'appartient pas non plus ! Si tu n'as pas besoin de cette information dans ta vie, alors laisse-la !

LES CONSEILS
SONT FAITS POUR ÊTRE ÉCOUTÉS,
PAS OBLIGATOIREMENT SUIVIS.

PRENDRE CONSCIENCE, ACCEPTER PUIS INCARNER

Prenons un exemple très simple : on te dit régulièrement que tu es intelligente (pour une fois, ne parlons pas de compliment physique).

« Plus jeune, je rêvais d'être une star (ou plutôt, la fille d'une rockstar) qui avait mon âge. Elle avait la même morphologie que moi et je voulais lui ressembler de la tête aux pieds : son maquillage, sa coupe de cheveux (courte et rose), son style...

Comme elle était ronde, je me disais que je pouvais facilement lui ressembler.

Je regardais ses looks et j'essayais de les reproduire, tout en sachant que c'était impossible. Nous n'avions pas accès aux mêmes richesses... Je ne pouvais donc pas suivre et cela m'a frustrée.

À force de me comparer à elle, j'en ai oublié ma propre identité. Quand j'ai compris que je ne pourrais pas copier une autre personne, je me suis retrouvée face à moi-même. Quel était mon style ? Où était la limite entre copier et s'inspirer ? »

Jour 1 :

Quand on te fait ce compliment, tu remercies mais n'y crois pas. Tu ne comprends pas pourquoi on te fait ce compliment. Tu ne te trouves pas si intelligente. Ce compliment reste tout de même ancré en toi, tu y repenseras sans doute plus tard.

Jour 2 :

Une fois seule, tu y repenses. Apparemment, tu es intelligente. Tu vérifies ce compliment : pour que quelqu'un t'aie complimentée ainsi, c'est qu'il y a une raison. Tu cherches et listes tout ce qui fait de toi une personne intelligente. Plus tu énumères de preuves, plus tu comprends et plus tu **prends conscience.**

Jour 3 :

Tu intègres le fait que tu es intelligente, tu commences même à y croire. Tu n'as pas besoin de l'annoncer à tout le monde ni de le prouver. Tu **l'acceptes.**

Jour 4 :

Plus les jours passent, plus tu te sens légère. Cette révélation te rend sereine. Tu réfléchis à ce que tu vaux, à ce que tu penses et dis. Tu n'es pas obsédée par cette découverte, mais tu te sens plus alerte et plus posée. Tu **incarnes ce que tu es.**

PRENDS GARDE À LA PETITE GRAINE QUE TU SÈMES EN TOI : MAUVAISE HERBE OU MAGNIFIQUE FLEUR ?

C'est à toi de décider de la limite à partir de laquelle tu t'éloignes trop de qui tu es vraiment. N'aie pas peur de parler, de t'exprimer ! L'échange te permettra de faire entendre ton point de vue, ta personnalité et tes goûts. Tes proches te connaîtront vraiment et pourront te conseiller ou t'aider en cas de dérapage !

ÉCONOMISER DE L'ÉNERGIE

L'énergie n'est pas illimitée (malheureusement !). C'est donc ta responsabilité de décider à quoi tu veux la destiner. À toi de choisir ce qui est important et ce qui ne l'est pas.

Ne pas répondre aux insultes, ne pas se justifier inutilement, ne pas chercher à éduquer les personnes malveillantes... tout cela est un gain d'énergie. **Le temps est précieux, alors mieux vaut l'utiliser pour une cause plus essentielle : toi !**

JE M'ÉCOUTE, DONC JE ME RESPECTE.

Décide dès ton réveil ce qui est important pour toi aujourd'hui. Reste concentrée sur l'essentiel. Choisis tes combats et tes priorités. Tu es maître de ton esprit et de ton corps, répartis ton énergie comme bon te semble en fonction de tes besoins.

Liste ici les choses pour lesquelles tu as décidé de ne plus perdre d'énergie.

Pour moi par exemple, ce sont les insultes, les cris, les attaques. Je ne perds plus d'énergie à y répondre.

PROCESSUS DE DÉCISION

Avant de prendre une décision, tu as plutôt tendance à…

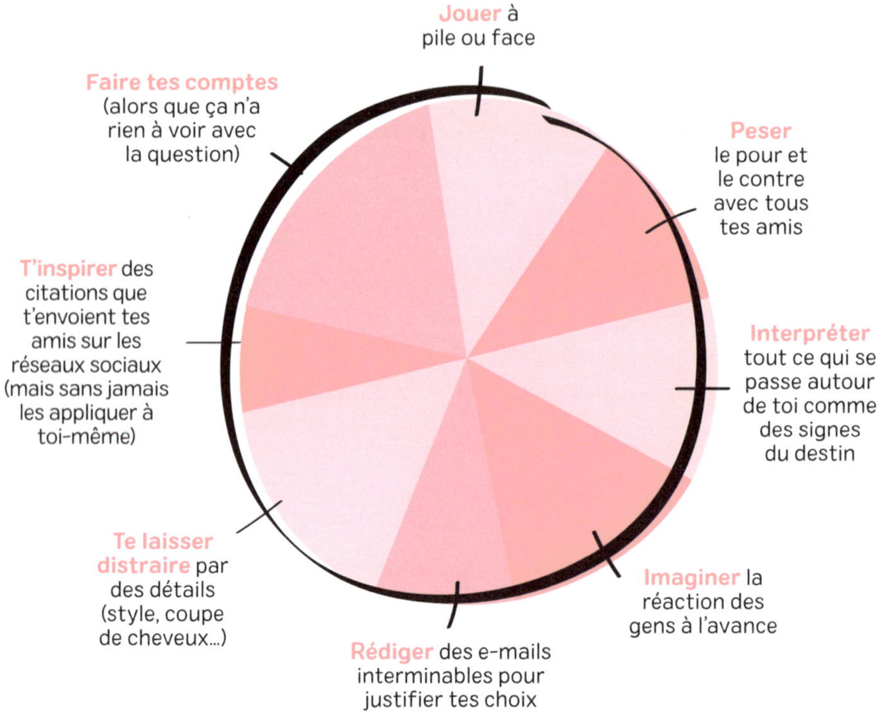

Si tu t'es reconnue dans l'une de ces propositions, je pense que tu as oublié de te poser ces questions :

- Est-ce que j'en ai vraiment envie ?
Avant de te décider, la réponse doit être positive.

- À qui profite ma décision ?
La réponse doit toujours être toi.

- Ai-je conscience des conséquences de ma décision ?
La réponse doit toujours être positive.

Laisser trop de place aux autres, aux éléments extérieurs ou à la chance pour décider à ta place est la pire erreur que tu puisses faire. Les conseils sont toujours bienvenus, mais ils ne doivent pas entraver ta décision finale. Ne t'épuises plus à suivre des décisions qui ne sont pas les tiennes, et qui, finalement, ne te conviendront pas. Tu retourneras au point de départ ou, pire, tu seras malheureuse de ce chemin qui ne te correspond pas.

C'EST À TOI DE DÉCIDER CE QUE TU VEUX : PARCE QUE TU EN AS ENVIE OU PARCE QUE CETTE DÉCISION EST BONNE POUR TOI.

TES RESPONSABILITÉS

Prendre ses responsabilités n'est pas réservé aux sages ou aux adultes. Cela s'apprend au cours de la vie. C'est être conscient de ce qu'on est, ce qu'on représente, ce qu'on apporte et ce qu'on fait. C'est retenir des leçons de ses actes pour s'encourager à évoluer, ne plus avoir peur de ce qu'on va découvrir au fond de soi, se respecter et s'accepter.

TE CONNAÎTRE PAR CŒUR

Rappelle-toi qu'il est important de te bien te connaître car :

- tu fais désormais confiance à ce que tu vois ;
- tu connais suffisamment ton corps pour savoir comment il évolue ;
- tu te connais mieux que quiconque puisque tu vis dans ton corps ;
- tu n'as pas besoin des autres pour te dire à quoi tu ressembles ni qui tu es.

CHALLENGE : regarde-toi tous les matins dans le miroir, nue si possible. Apprends à admirer ton corps ! ☺

APPRENDRE À DIRE NON

Refuser quelque chose ne signifie pas être méchant ou égoïste. Il peut y avoir plusieurs explications à un refus : tu n'as pas envie, tu ne peux pas, tu ne sais pas... Dans tous les cas, ce n'est pas grave puisque tu refuses pour toi et pas contre la personne. C'est cette nuance qui fait la différence.

CHALLENGE : apprends à refuser sans te justifier. Souris, mais dis non.

SAVOIR CE QUE TU VEUX

Préfère dire ce que tu veux plutôt que ce que tu ne veux pas. Tu auras ainsi plus de chances d'obtenir ce que tu veux. D'autant plus qu'énoncer ce que tu ne veux pas n'a aucun intérêt, puisque tu n'en veux pas !

AU LIEU DE DIRE...	DIS PLUTÔT...
Je ne veux pas tomber malade.	**Je veux rester en bonne santé.**
Je ne veux pas être en retard.	**Je veux être à l'heure.**

CHALLENGE : reprends-toi dès que tu formules une phrase négative et transforme-la en phrase affirmative et positive. ☺

JE ME RENDS SERVICE EN DiSANT NON AUX AUTRES.

L'ART DE DIRE LES CHOSES

Dans nos habitudes de communication, quand on souhaite dire quelque chose de désagréable ou négatif à quelqu'un, on commence nos phrases par « tu » : « Tu n'as pas rangé ceci », « Tu ne m'as pas appelée », « Tu m'as fait de la peine »... Cette tournure de phrase est assez agressive et met en danger la communication. L'agressivité est présente dès la première intervention et rend le dialogue plus compliqué. Commence alors un ping-pong sans fin et non constructif, où chacun se renvoie la balle par un « tu ».

Je te propose de remplacer « tu » par « je ». En parlant de toi, tu n'attaques pas l'autre. Tu exposes un fait, une émotion, un ressenti. Tu es dans le partage et l'échange. Tu as donc plus de chances d'être écoutée. N'oublie pas que le but est de te faire entendre et comprendre, donc autant faire passer le message de la manière la plus paisible possible !

Voici quelques exemples très concrets :

REMPLACE...	PAR...
Tu n'as pas fait la vaisselle.	**J'aimerais que la vaisselle soit faite.**
Tu ne m'appelles jamais.	**Ça me ferait plaisir d'entendre ta voix.**
Tu ne penses jamais à moi.	**Je ressens un éloignement, je me trompe ?**
Tu m'as fait de la peine.	**Ça me fait de la peine ce que tu me dis.**

TU

LE « TU » TUE !

TOP 10 DES RÈGLES POUR ÊTRE BIEN DANS SA PEAU ET DANS SON CORPS

1. TU ES TA PRIORITÉ.

2. CONNAIS-TOI TOI-MÊME.

3. FAIS CONFIANCE À TON INSTINCT.

4. L'AVIS DES AUTRES,
C'EST LA VIE DES AUTRES.

5. SI TU RESSENS QUELQUE CHOSE,
C'EST VALIDÉ.

6. LAISSE CIRCULER TES ÉMOTIONS.

7. FAIS ATTENTION À TES PENSÉES
CAR TON CORPS LES ENTEND.

8. FAIS APPEL À TOUS TES SENS POUR
APPRENDRE À CONNAÎTRE TON CORPS.

9. N'OUBLIE JAMAIS QUE LE « TU » TUE.

10. FAIS PÉTER TES BARRIÈRES,
C'EST ADDICTIF.

CONCLUSION

Te voilà arrivée au bout de ce voyage. À toi de mettre en place tous les conseils et les astuces que j'ai pu t'apporter. C'est un chemin de longue haleine, un chemin de vie. Relis les passages qui t'ont bouleversée ou touchée. Donne-toi des défis et surtout reste dans l'action. Tu es parfaite comme tu es, tu mérites tous ces efforts, tu mérites d'être heureuse. Donne-toi la chance de t'accepter. Aime-toi et respecte-toi.

TA NOUVELLE VIE NE FAIT QUE COMMENCER !

REMERCIEMENTS

Le temps des remerciements est arrivé ☺

C'était très important pour moi de transmettre dans ce livre ce que j'ai compris sur le chemin de la confiance en soi. J'espère sincèrement qu'il t'aidera et te permettra de te reconnecter à toi m'aime.

Je suis reconnaissante d'avoir des amis formidables et je les remercie d'avoir toujours été présents pour me soutenir, en particulier ma mma et Henri, et mes 2 piliers, les Johnsons. Merci à Marie et son regard en qui j'ai confiance :)

Merci à ma famille et en particulier mes parents qui m'ont toujours poussée à être la meilleure version de moi-même.

J'ai également écrit ce livre pour Éléonore, Éva, Luc et Léa. Vous êtes la future génération et il est primordial de cultiver la confiance en soi. Célébrez vos différences et votre enfant intérieur. Et nous, adultes, prenons exemple et profitons-en également.

Je tiens également à remercier toutes les personnes qui m'ont blessée et qui ont grignoté ma confiance en moi. Merci à tous ceux qui m'ont dit que mes rêves étaient trop grands pour moi, que je n'y arriverai pas, à tous ceux qui n'ont pas cru en moi ! Vous m'avez permis de trouver en moi la force de vous pardonner, de me pardonner et sans vous je ne serai pas la personne que je suis aujourd'hui. ☺

Et merci à toi qui lis ce livre de m'avoir accompagnée au fil de ces pages. Bravo, avec ce livre, tu as déjà fait péter tes barrières ! ☺

UNE

NOUVELLE

ÈRE A

COMMENCÉ !

#FAISPÉTERTESBARRIÈRES